Ingrid Riedel

IKONEN DER ERDE

W

Ingrid Riedel

IKONEN DER ERDE

Von der heilenden Kraft des Gestaltens
Zu Bildern von Elisabeth Weth

Walter-Verlag
Solothurn und Düsseldorf

Die Deutsche Bibliothek – CIP-Einheitsaufnahme
Riedel, Ingrid:
Ikonen der Erde : von der heilenden Kraft des Gestaltens /
Ingrid Riedel. Zu Bildern von Elisabeth Weth. – Solothurn ;
Düsseldorf : Walter, 1994
ISBN 3-530-69113-5
NE: Weth, Elisabeth [Ill.]

Satz: Utesch Satztechnik GmbH, Hamburg
Druck und Einband:
Offizin Andersen Nexö Leipzig
Printed in Germany
ISBN 3-530-69113-5

Inhalt

Einführung 9

Signaturen der Erde 17

«Es ist doch unsere Zukunft» 21

Ein Traum von den Körnern des Lebens 24

Geburt nach innen – ins Innere der Erde 41

Das Golfkriegsbild 55

Pietà 1992 – Sie hat nicht mehr die Kraft, um Leben
anzustehen 62

Der Schildkrötentraum 76

Bilder von den Wandlungen einer Schildkröte 88

Die Schildkröte mit den Wurzeln 102

Kreuzweg der Kinder 1992 114

Nachwort 127

Verzeichnis der Bilder

(F = Farbbild)

Schnecke (F 1) 19
Eule (F 2) 19
Hand in Hand mit einem Kind (F 3) 23
Hände, die einander Körner reichen (F 4) 25
Getreidekeimling 27
Baum-Tisch 28
Das irdische Geviert (F 5) 31
Goldene Scheibe (F 6) 33
Kreisrunde Scheibe (Ausschnitt aus F 7) 36
Ginkgo-Monstranz (Gesamtbild F 7) 37
Kreissymbol (F 8; Ausschnitt aus F 7) 39
Geburt nach innen I (F 9) 47
Dreierspirale 49
Schwimmende Gestalt 50
Gebärmutter Erde 51
Geburt nach innen II (F 10) 53
«Mutter aller Kriege» (Ausschnitt aus F 11) 57
«Die Hölle los» (Auschnitt aus F 11) 57
«Und ein frisches Ölblatt trug die Taube im Schnabel»
(F 11) 59
Taube 60
«Sie hat nicht mehr die Kraft, um Hilfe anzustehen»
(AP-Foto) 63
Pietà 1991 (F 12) 65
Wurzeln und Steine (Ausschnitt aus F 12) 68
Die Brüste der Erdmutter (Ausschnitt aus F 12) 69
Tränen (Ausschnitt aus F 12) 70

Die Tiefe unter dem Rund (Ausschnitt aus F 12) 72
Die Frau im Rund der Erde (F 13; Ausschnitt aus F 12) 73
Die angegriffene Schildkröte (F 14) 89
Steintafel aus Gavr'inis 90
Die Wandlung der Schildkröte (F 15) 95
Die erneuerte Schildkröte (F 16) 95
Das Schildkrötenauge, das im Dunkeln sieht (Ausschnitt aus
F 16) 100
Die Schildkröte mit den Wurzeln (F 17) 111
«Vom Krieg gezeichnet: Mädchen in Afghanistan»
(AP-Foto) 115
Mädchen und Engel 117
Wiederholung des Mädchenfotos (Ausschnitt aus F 18) 120
Kreuzweg der Kinder – umfangen von dem Engel (F 18) 121
Kinderhand und Engelshand (rechts) (Ausschnitt aus F 18)
123
Kinderhand und Engelshand (links) (Ausschnitt aus F 18) 123
Leere Hand (Ausschnitt aus F 18) 124

Einführung

In einer Zeit, in der das Leben auf der Erde in Gefahr ist, beschädigt zu werden, gestaltet eine Frau, Elisabeth Weth, «Ikonen der Erde», wie ich ihre Bilder, übereinstimmend mit ihr, nennen will. Wie kommen wir darauf, sie so zu nennen?

Als «Icons» bezeichnet man heute die Bildzeichen des Computers, die ein Programm eröffnen und Zugänge ermöglichen: Elisabeth Weth erschließt mit ihren Bildgestaltungen Zugänge zur Erde, eröffnet das «Programm Erde» auf neue Weise.

Sie gestaltet Bilder einerseits aus realer Erde, die sie mit Kleister verbindet, Bilder aus wirklichen Substanzen des Lebens, Blättern, Flechten und Hölzern; sie zeigt andererseits symbolisch durch die Themen ihrer Bilder, was die Erde dem Menschen bedeutet, wie er als deren integrierter Teil mit seiner Erde lebt oder stirbt; wie andererseits die Erde als ein sich selbst steuerndes Gesamtlebewesen ihn zu tragen und zu bergen vermag und möglicherweise Überlebenskräfte freizusetzen weiß, mit denen der Mensch von sich aus kaum mehr zu rechnen wagt. Insofern führen ihre Bilder in das «Programm Erde» hinein.

Murray Stein, ein Jungscher Analytiker aus Chicago, schlägt zudem vor, solche Bildgestaltungen als «Icons», als «Ikonen» zu bezeichnen, die im Unterschied zu jenen rein persönlich-lebensgeschichtlichen Charakters den Zugang zu umfassenderer Realität vermitteln, die also überpersönlicharchetypischer Art sind: solcher Art sind meines Erachtens auch Elisabeth Weths Bilder.

Gewiß beruhen sie auf einem persönlich-lebensgeschichtlichen Hintergrund, auf Elisabeth Weths eigener Suche nach Rückverbindung mit der Erde und damit zu Körperlichkeit, Weiblichkeit und Geborgenheit im Leben überhaupt. Doch erweisen sich ihre Gestaltungen zugleich von überpersönlicher Bedeutsamkeit, indem sie Zugänge zu der Realität «Erde», zugleich zum Erdarchetyp erschließen, Zugänge, die auch anderen wachen Zeitgenossen betretbar und begehbar sein mögen.

Die Botschaft, die in diesen Bildern enthalten ist, gewinnt von daher ihre Relevanz und Überzeugungskraft, daß sie sich aus Träumen und Imaginationen (um nicht zu sagen Visionen) herleitet, die dem schöpferischen kollektiven Unbewußten entspringen, also einer tieferen Schicht, als unser bloßes Tagesbewußtsein es wäre, in der die Überlebenserfahrungen der menschlichen Gattung durch manche erdgeschichtliche Katastrophe hindurch sich niedergeschlagen haben und die zugleich die Anlagen zu Neuerfahrungen enthält.

Auch das Vertrauen auf «Mutter Gaia», wie die frühen Griechen die Erde nannten, und die Fähigkeit, sich ihr ehrfurchtsvoll anzuvertrauen, ist dem sogenannten kollektiven Unbewußten der Menschheit eingestiftet. Damit hat sie die Möglichkeit, dem Leben auch künftig etwas zuzutrauen und die aufkommende Zukunftsangst zu bestehen. Natürlich speist sich die Zukunftsangst heute nicht mehr nur aus neurotischen Überreaktionen auf bestimmte Nachrichten, sondern aus überaus ernstzunehmenden Informationen über die ökologische Lage, die gerade von sensiblen, durchlässigen Menschen wahrgenommen werden. Es sind gerade sie, die nach dem kompensatorischen Gesetz des Träumens immer einmal wieder auch solche Träume bekommen, welche von den heilenden und rettenden Kräften, die nach wie vor wirksam sind, handeln, während Menschen, die solche Nachrichten von der Gefährdung der Erde nicht ernstnehmen, sondern sich dagegen abschirmen und sie verdrängen, oftmals nach der gleichen kompensatorischen Regel durch Alpträume, die keine Lösung kennen, geplagt werden. Nicht selten nehmen nach meiner Beobachtung gerade solche Menschen die Bedrohung der Erde seismographisch wahr, die durch persönliche Erschütterungen – Krankheiten, Todesfälle – auch für die Erschütterbarkeit des Ganzen der Erde sensibilisiert sind.

Elisabeth Weth gehört zu denen unter uns, die solche Informationen sehr ernst nehmen, die sich von ihnen erschüttern lassen, nicht nur im Blick auf ihr persönliches Leben, sondern auch im Blick auf die kommende Generation: ist sie doch von Beruf Sonderschullehrerin, dazu Kinder- und Jugendlichen-Psychotherapeutin, die als solche tief hineinsieht in die Gefährdungen und die Ängste der heute Heranwachsenden.

Von Berufs wegen keineswegs künstlerisch tätig, hat Elisabeth Weth das Malen und Gestalten, also die kreative Phantasie, als ein Mittel, ein Medium für sich entdeckt, um mit der Wirklichkeit – äußerer und innerer, politischer und privater – so umgehen zu lernen, daß sie sich wohl tief von ihr betreffen, aber doch nicht erdrücken läßt. So kann sie die Betroffenheit zulassen, gerade weil sie ihr nicht ohnmächtig ausgeliefert bleibt. Vielmehr erhebt sie diese in einen größeren Verstehens- und Bedeutungszusammenhang, indem sie sie gleichsam meditierend gestaltet: so setzt sie die Wirklichkeit, mit Hilfe der kreativen Phantasie, in Symbole um.

Es sind keine harmlosen Themen, denen sie sich auf diese Weise zuwendet: es sind keine geringeren als die Flutkatastrophe von Bangladesch oder der Golfkrieg zu Beginn des gleichen Jahres 1991, das Waldsterben schließlich und das sogenannte Ozonloch, die sich nicht auf ein bestimmtes Jahr datieren lassen, sondern als gefährliche Prozesse unabsehbar andauern. Damit wählt sie Themen, die jeden denkenden und fühlenden Menschen zutiefst beunruhigen.

Ausgehend von Pressefotos, Zeitungsüberschriften – also Partikeln unserer politischen Realität – hat Elisabeth Weth mit Hilfe ihrer schöpferischen Phantasie Bilder geformt, mit denen sie versucht, zum Beispiel eine der erschöpften Frauen aus Bangladesch, die «nicht mehr die Kraft hat, um Hilfe anzustehen», so in ihr eigenes Bild einzubringen, daß das überzeugend sichtbar wird, was sie sich vorgenommen hat, als sie das erschütternde Pressefoto dieser Frau sah:

> Ich will Dein Bild festhalten,
> weitergeben.
>
> Ich will nicht,
> daß Du verloren gehst.
> Ich will Dich unter größere,
> umfassendere
> Augen des Lebens geben.
>
> Ich will Dich aufgehoben wissen.

Ein andermal ist es ein Traum, sind es Träume, von denen sie ausgeht, eigene Träume von apokalyptischen Geschehnissen, die dennoch eine neue Gemeinschaft der Menschen bewirken können, wenn diese angesichts aller Zerstörung einander Körner, das Saatgut des neuen Lebens, weiterreichen. Oder es sind Träume von einer neuen Geburt, in die Erde, in den Innenraum der Erde hinein – Träume, deren Wirklichkeitsgehalt sie noch erhöht, indem Elisabeth Weth sie symbolisch mit kreativer Phantasie ins Bild setzt.

Ein andermal schreckt sie der Traum einer ihr unbekannten Frau, in dem im Bild einer Schildkröte das Schutzschild unserer Erde verseucht und verätzt ist, so sehr auf, daß sie eine Bilderserie zu eben diesem Traum gestaltet, in der sie sich selbst in ihrer tiefen Beunruhigung wiederfindet.

Bei Elisabeth Weth ist seit geraumer Zeit der Mutterarchetyp als Erdarchetyp konstelliert, die Erde in ihren tragenden, nährenden und das menschliche Leben bergenden Aspekten, wie sie sich einerseits in den Schöpfungsmythen früher Völker, aber auch in dem uralt-modernen Mythos von Mutter Gaia als einem selbständigen und selbststeuernden Gesamtorganismus niedergeschlagen haben (den James Lovelock wissenschaftlich aktualisiert hat). Bis hin zu dem Mythos von Sophia, der schöpferisch tätigen Mutter der Weisheit, reichen die Ausdifferenzierungen des Mutterarchetyps. Ist nun das bewußte Ich des betreffenden Menschen mit seiner unbewußten Tiefe verbunden, in der sich der Mutterarchetyp konstelliert, so vermag dieses Ich schöpferisch zu werden, ein gestaltendes Ich, das die Beunruhigung, zum Beispiel durch die Bedrohung des ökologischen Gleichgewichts der Erde, in kreative Gestaltungen, in Symbolbildungen umsetzen kann, die beides enthalten: die Elemente der Gefährdung wie die Elemente des Tragenden – und die so für die Gestalterin wie auch für Außenstehende ein Zeichen setzen, sowohl einer notwendigen Alarmierung (Angst hat auch eine Schutzfunktion) als auch einer Rückbindung an die tragenden und erneuernden Kräfte des Lebens.

Ikonen: das sind letztlich – und manche mögen das als erstes assoziiert haben – «Heiligenbilder», «Bilder des Heiligen», wie wir sie vor allem aus der Ostkirche kennen. Es sind Bilder, die auch uns Heutige in ihrer besonderen Atmosphäre und Ausstrahlung berühren, wenn wir sie zum Beispiel in einer russisch-orthodoxen Kirche im Kerzenlicht geheimnisvoll aufschimmern sehen. Leuchten sie doch alle wie aus einem zeit- und raumlosen Goldgrund herauf, der sie – Gold ist ja nicht Farbe, sondern Glanz als solcher – wie aus dem transzendenten Licht der Ewigkeit heraus in Erscheinung treten läßt.

Ins Sichtbare verdichtet treten die heiligen Gestalten aus dem Goldgrund hervor, St. Nikolaus zum Beispiel, der die Schiffer aus Seenot rettet, St. Georg, der den Drachen überwindet, am häufigsten aber Maria, die Gottesmutter mit dem Kind, die nicht selten auch als Erdfarbene, als Schwarze erscheint und als solche besondere Verehrung genießt. Als «wirklich» wurden die Gestalten, die durch die Ikonen in Erscheinung treten, in der Ostkirche erlebt und geglaubt. Die Gesten und Attribute, die Gewandfarben und Gesichtszüge der heiligen Gestalten müssen innerhalb der Ikonenmalerei genau nach der ikonographischen Tradition wiedergegeben werden, weil es dabei um die Wirklichkeit des Dargestellten geht. Auch diese Ikonen sind «Icons», die den Zugang zu einem besonderen Programm eröffnen: dem des Heiligen.

Klingt auch diese Ebene des überlieferten Ikonenverständnisses an, wenn wir Elisabeth Weths Bilder betrachten und sie als «Ikonen der Erde» bezeichnen?

Ich meine: ja. Wenn Ikonen den Zugang zum Heiligen eröffnen, dann eröffnen ihre Bilder den Zugang zur Verehrungswürdigkeit der Erde.

Die Erde selbst tritt in den Mittelpunkt dieser heutigen Ikonen: sie ist es, deren Tränen wir spüren, deren Antlitz wir leuchten sehen in diesen Bildern – wie früher im russischen

14

Haus alles unter den Augen des Heiligen oder der Muttergottes geschah, die aus der Ikone, aus dem «Herrgottswinkel» dieses Hauses heraus wie aus einem Fenster, das zur Ewigkeit hin geöffnet war, an allem Tun und Lassen teilnahmen. Durch die Ikone hindurch waren sie präsent.

Für die Präsenz der Erde wiederum sorgt in diesen Bildern die wirkliche Erdsubstanz, die Elisabeth Weth in ihren Bildern verwendet. Manchmal ist es Erde von besonderen Orten, etwa vom Platz der Mnaidra auf Malta, einem uralten Heiligtum der großen Erdmutter – oder auch von der Insel Samothrake, deren Kultur und Kirche in der christlichen Tradition stehen. Elisabeth Weth verwendet das reale Blatt eines uralt heiligen Baumes, des Ginkgo. Sie bringt aber vor allem auch Wirklichkeitspartikel des bedrohten Lebens auf der Erde in Gestalt von Fotos und Fotokopien in die Bilder ein, indem sie sie in die Gesamtkomposition eincollagiert: das Foto eines Kindes aus Afghanistan beispielsweise, das mit verzweifelt schreiender Gebärde zeigt, daß es alles, was ihm lieb ist, verloren hat in dem schon jahrelang tobenden Bürgerkrieg; oder das Foto einer alten Frau aus Bangladesch, die, nach der letzten der zahlreichen Flutkatastrophen dort, «nicht mehr die Kraft hat, um Hilfe anzustehen»: diese Fotos von menschlicher Wirklichkeit sind in Elisabeth Weths Kompositionen eingefügt in das tröstende, schützende Rund der Erde, die in diesen Bildern weint, aber auch umfängt und tröstet. Hinzu kommen in vielen ihrer Collagen die Fotos von gequälten Pflanzen, Tieren und Menschen, sowie die Zeitungsschlagzeilen, die uns zur Zeit des Golfkriegs trafen und involvierten.

Leiden der Erde, Heilung der Erde: beides wird sichtbar in diesen Ikonen, von denen die letzte auch die Erde selbst umfaßt und getragen zeigt von «guten Mächten» (Dietrich Bonhoeffer), die auch sie noch transzendieren: in Elisabeth Weths Bild werden sie symbolisiert durch einen Engel.

Mit Hilfe ihrer Bilder versuche ich zu zeigen, wie die Betroffenheit von politischen und ökologischen Vorgängen, die einen oft zu zerreißen droht, zu Symbolgestaltungen führen kann, die auf die Gestalterin wie auf die Betrachtenden integrierend wirken.

Signaturen der Erde

Die Entdeckung der Erde, der konkreten, wirklichen Erde, begann für Elisabeth Weth im Sommer 1988 damit, daß sie anfing, Erde, helle und dunkle, beigefarbene, rötliche und schwarze, von solchen Orten, die ihr lieb geworden waren, mitzunehmen, um sie zu Hause bei der Gestaltung von Bildern zu verwenden: «Lebensspuren in der Erde – aus der Erde – mit Erde gemacht», so nannte sie selber ihre erste Bilderfolge zum Thema Erde. Sie zeichnet Naturformen nach: am 3. September 1988 ist es zum Beispiel eine *Schneckenform* (Farbbild 1), die sie in zwei hellen Erdtönen gestaltet. Im Uhrzeigersinn – also im Sinn einer nach vorne offenen Entwicklung – rollt diese Form sich aus und entfaltet sich dabei zu einem großen, fünffach gefächerten Blatt in auffallend dunklen Erdtönen, einer Blätterhand.

Links unten, der Bildzone, in der sich erfahrungsgemäß oft Themen des kollektiven Unbewußten ausdrücken,[1] weist das Blatt ein dunkles Wurzelbündel auf – wie auch die Schneckenhausform selbst so etwas wie Würzelchen aufweist. Das Wurzelmotiv, auch als Symbol ihrer eigenen Verwurzelung

---

[1] Alle Hinweise zur Symbolik der Bildorte (Bildtopik) sind zu vergleichen mit: Ingrid Riedel, Bilder in Therapie, Kunst und Religion. Zürich: Kreuz 1988, ²1991 (= Buchreihe «Symbole»), S. 24 ff. (hier besonders das ausführliche Kapitel «Bildfläche oder Raumsymbolik»).

als Mensch in der Erde, wird Elisabeth Weth in der Folgezeit immer wichtiger werden. Aus dieser Wurzel nun (im kollektiven Unbewußten) rollt sich hier etwas aus, was in Gestalt einer Hand nach rechts, in das Handeln in die Welt hinein sich entfalten will. Es wird das, was sich hier ausdrücken will, nicht nur Elisabeth Weth selber angehen, sondern alle, die diese Gestaltungen wahrzunehmen verstehen.

Die Schneckenform könnte auch einen Ammoniten darstellen, also die Versteinerung eines frühen Lebewesens, wie sie in den Kalkschichten des Bodens um Elisabeth Weths Wohngegend herum und auch in der weiteren Umgebung nicht selten vorkommen. Stein, Pflanze und Tier wären also in diesem Bild vorhanden, wie sie sich auseinander hervor- und wieder ineinander hinein- und zurückentwickeln. Die Eiform aus weicher, gelbbrauner Erde, die die Formen umschließt, läßt sie alle wie in der fruchtbaren Gebärmutter der Mutter Erde enthalten sein.

In einem weiteren Erdbild, am 4. September 1988 neben anderen Bildern entstanden, hat sich die sich ausrollende, von innen nach außen gesehen im Uhrzeigersinn verlaufende Spirale, dieses Schneckenhaus oder Ammonshorn, nun mit einer weiteren Spirale verbunden, die sich einrollt: es entsteht so das seit der Megalithzeit auftauchende Symbol der Doppelspirale, das zum Beispiel in der Tempelanlage Hal Tarxien auf Malta, die der großen Muttergottheit zugeeignet war, auf einer Eingangsschwelle sowie auf der Frontseite eines Altars besonders eindrucksvoll erscheint. Hier gilt es als das Zeichen für die unlöslich miteinander verbundene Doppelbewegung des Lebens, das Sich-Ausrollen und Sich-wieder-Einrollen, als Zeichen für die Zusammengehörigkeit von Progression und Regression, Zukunft und Vergangenheit, letztlich von Leben und Tod. Zugleich wird die Doppelspirale als

1 Schnecke   2 Eule

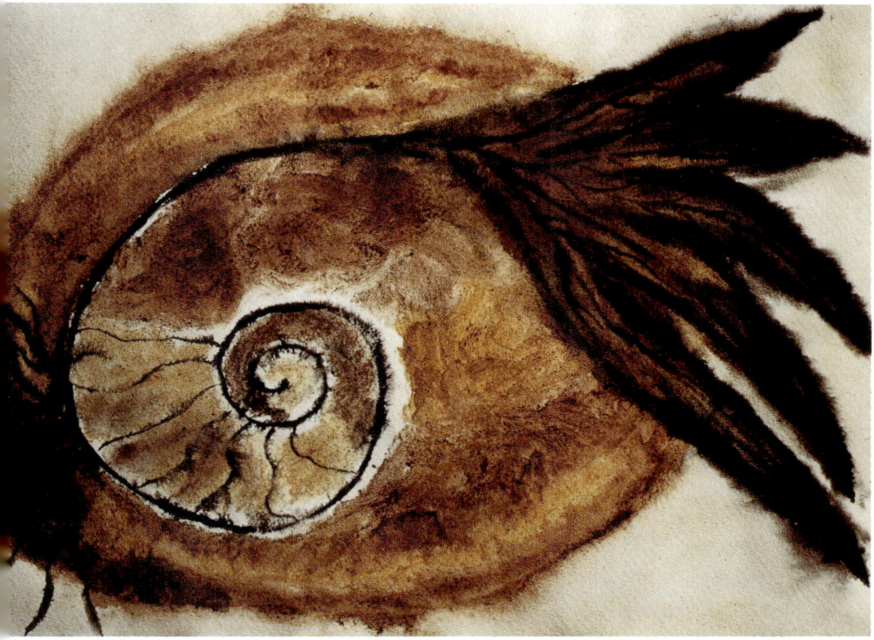

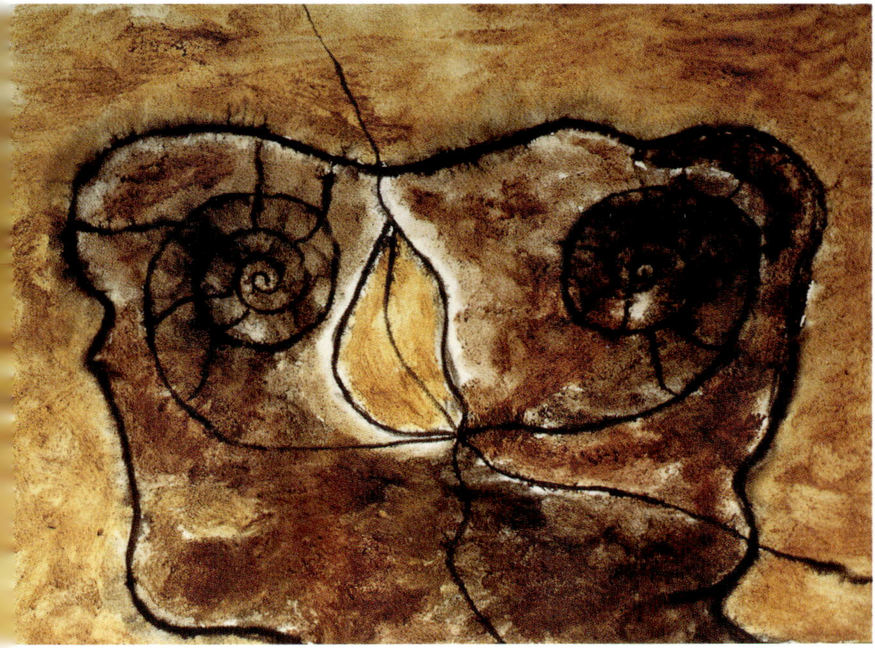

Symbol für die beiden Brüste oder auch für die beiden Augen der frühen Erdmutter-Gottheit angesehen.

Auf Elisabeth Weths Bild gleicht nun diese Doppelspirale, in dunkler Erde gestaltet, den Augen einer *Eule* (Farbbild 2). Die ungefähre Form eines Blatts wiederum, die sie in leuchtend maisgelber Erde in die Mitte zwischen die beiden Spiralen setzt, wirkt in diesem Zusammenhang wie der Schnabel der Eule.

Was auf den ersten Blick, mehr abstrakt gesehen, wie eine dunklere Erdplatte auf hellerem Grund erscheinen mag, durchzogen von den spiraligen Signaturen des Ammoniten – eine Erdplatte, auf die ein herbstlich goldgelbes Blatt gefallen ist –, erweist sich nun dem konkretisierend-imaginierenden Blick als eine Eule: Elisabeth Weth zeigt die Erde selbst mit ihren Signaturen des Lebens als eine Eule, ein Lebewesen also, das in der Nacht sieht – anders und ungleich schärfer als die Menschen – und dem deshalb Weisheit zugeschrieben wird. Im alten Griechenland wußte man die Eule der Aphrodite zugehörig.

Es ist wie ein Wiederauftauchen des alten Symbols für die große Muttergottheit, der Doppelspirale, in unserer Gegenwart: die große, alte Mutter Erde in Eulengestalt.

«Es ist doch unsere Zukunft»

Immer achtsamer wird Elisabeth Weth im Blick auf die Gegenstände und die Lebewesen der Natur, auf ihre besonderen Farben, ihre Beschaffenheit. So hebt sie vieles auf, auch Sand und Staub in seinen Tönungen und Qualitäten, nimmt es mit nach Hause, um es zu betrachten und zu betasten und oft noch etwas daraus zu gestalten.

Ihre Liebe zu diesen Gegenständen der Natur ist gerade darüber neu erwacht und intensiv geworden, daß sie die Natur unserer Erde bedroht weiß. Oft ist auch Elisabeth Weth sehr niedergedrückt über diese Situation, deren Folgen sie kaum zu Ende zu denken wagt, nicht zuletzt im Blick auf die Kinder, die kommende Generation. Als die engagierte Lehrerin, die sie von Beruf ist, erfährt sie viel von den Ängsten der Kinder, von Ängsten, die sich gerade auf die Zukunft des Lebens auf der Erde und damit auf die eigene Zukunft der Kinder beziehen. «Wenn es schließlich um meinen Tod geht», meinte ein Kind aus ihrer Klasse, «dann muß ich auch mitreden können.» Ihre Betroffenheit ist alles andere als Lust am Untergang, es ist vielmehr die «liebende Angst» (Horst-Eberhard Richter), aus der heraus sie sich so berühren läßt, daß sie beginnt, Bilder zu gestalten wie die folgenden, die zunächst die Angst der Kinder vor der Zerstörung unserer Erde beschreiben, zugleich die Verantwortung der Erwachsenen, mit ihnen darüber zu sprechen, sich mit ihnen gemeinsam der Bedrohung zu stellen. Die Kinder sind bereit, aufzustehen und etwas für ihre Zukunft zu tun, aber sie sind tiefer betroffen, als wir oft meinen, und es ist dann am schlimmsten für sie, wenn wir ihnen den Mund verbieten und so tun, als wäre es gar nicht so ernst mit den Beobachtungen, die sie doch selber machen, zum Beispiel, wenn schon im Frühjahr die Blätter der Bäume wieder abfallen und wenn die Fische vergiftet und tot in den Flüssen schwimmen.

So hat Elisabeth Weth ein Bild gestaltet, in dem ein Erwachsener *Hand in Hand mit einem Kind* (Farbbild 3) vor bedrängende Fragen tritt, die sie wie ein riesiges Auge anblicken; der Text dazu, den sie in dieses Auge eingeschrieben hat, lautet: «Nur wenn es uns gelingt, den Tatsachen ins Auge zu sehen, unsere eigene Hilflosigkeit einzugestehen, in einem offenen Dialog mit der jungen Generation nach neuen Wegen der Zukunftsgestaltung zu suchen...» Es sind dies Worte aus einem Rundfunkvortrag von Horst Petri, Berlin, die Elisabeth Weth ebenso berührt wie aufgeschreckt haben. Die Tatsachen der Umweltzerstörung: es sind in diesem Bild die in grellem, dick aufgetragenem Deckweiß aus der Atmosphäre und dem «Himmel» herabstoßenden aggressiven Kräfte, spitz, dolchartig, die den im Hintergrund zart sichtbaren Erdball überfluten. Im Rauchschwarz des Bildgrundes ist wie ein Menetekel folgende Schrift zu erkennen: «– Unbeirrt im Ausbau destruktiver Energien gegen die menschliche Zukunft auf diesem Planeten...», ebenfalls ein Zitat aus dem Vortrag von Horst Petri, und dem gegenüber: «Trauer über das mögliche Verschwinden des Menschen, seinen letzten Abschied». Vor dieser unheimlich dunklen Perspektive setzt Elisabeth Weth die beiden mit Gold umrandeten Zeichen des Lebens: ein Ginkgoblatt und den Querschnitt eines Astes, der nun ebenfalls wie ein lebendiges Auge wirkt, das seinerseits den Menschen fragend anblickt.

3 Hand in Hand mit einem Kind

Ein Traum von den Körnern des Lebens

Ich möchte an dieser Stelle einige weitere Bilder einfügen, die Elisabeth Weth unmittelbar nach dem eben geschilderten gestaltet hat: wobei dieses Gestalten ihr selbst half, mit ihrer Betroffenheit umzugehen, indem sie die so bedrohten und von ihr so geliebten Anteile unserer Erde, Teile von Bäumen, Pflanzen und Flechten derart ins Bild einfügt, daß sie in ihm wie aufgehoben und geborgen sind und damit ins Gedächtnis, in die Aufmerksamkeit, ja, in die Ehrfurcht des Gestalters und des Betrachters zurückgegeben, wie wenn es die Bestandteile einer Ikone wären: denn Ikonen ihrer und unserer Liebe zum Lebendigen erschafft die Gestalterin hier.

Das erste Bild entstand zu einem Traum Elisabeth Weths, in dem sie die Menschen nach einer verheerenden Kriegszerstörung aus ihren Erdbunkern hervorkommen und auch angesichts aller Zerstörung einander Körner zureichen sah, Keime eines neuen Lebens. *Hände, die einander Körner reichen* (Farbbild 4), rund um einen Tisch herum, genauer um eine Baumscheibe, den Querschnitt eines Baumes, zeigt sie in diesem Bild. Sie hat eine reale Baumscheibe fotokopiert und in dieses Bild eingefügt – und hat damit, obgleich es sich um das Bild eines durchgesägten Baumes handelt, das Symbol eines strukturierten, runden Ganzen gefunden: einer gewachsenen Ganzheit mit all ihren Jahresringen. Indem sie die Hände, die aus einer mittelalterlichen spanischen Malerei fotokopiert sind, im Kreis um die Rundung des Baumtisches herum

4 Hände, die einander Körner reichen

anordnet und indem sie einer jeden Hand ein Korn und alle Hände einander zuordnet, entsteht der Eindruck eines kreisenden Weiterreichens von Körnern rund um einen Baumtisch, einen Lebensbaum. Die Botschaft des Traumes ist, daß auch nach der furchtbaren Zerstörung eines Krieges – subjektstufig wäre es ein innerer Konflikt – neue Keime des Lebens gelegt werden können. Indem die Menschen sie einander weitergeben, begründen sie eine neue Gemeinschaft untereinander. Es ist dies ein Traum, an dem die Träumerin, verstört durch die immer neuen Kriegsnachrichten aus aller Welt, sich selber und ihre Hoffnung auf Erneuerungsmöglichkeiten des Lebens und der menschlichen Gemeinschaft wiedergewinnt.

Der obere Teil des Bildes strahlt eine große tröstende Ruhe aus, er steht auf goldgelbem Hintergrund, für den echte gelbe Sande und Erden verwendet wurden. Dieses Bildfeld hat große Leuchtkraft, obwohl es vom Schwarz wie von Rauchfahnen und auch Brandspuren durchzogen ist. Es stellt den oberen Teil dieser Komposition dar, die kontrapunktisch dem übrigen Bildraum gegenübergestellt ist. Dort herrscht die Zerstörung, von der der Traum berichtet, vor. Zwei Drittel des Raumes nimmt die Verwüstung ein, die den ganzen unteren Bereich des Bildes füllt. Aus rötlicher und schwarzer Erde, realer Erde, ist dieser Bildgrund gestaltet: wohl auch, um damit die Brand- und Blutspuren, die der Krieg auf der Erde hinterläßt, zu unterstreichen. Spuren von zersprengtem Holz – auseinandergesprengten Bäumen –, von Blättern und Rinden sind eingestreut. Es handelt sich um fotokopierte Holzstücke, Laub und Pflanzenskelette. Auch versprengte Hände, vielleicht von Verschütteten, vielleicht von Toten, tauchen zwischen der Erde, den Rauch- und Brandspuren und den zersplitterten Hölzern auf. Hilflos sind sie, funktionslos, im Gegensatz zu der heilenden Geste der aufeinander bezogenen Hände im oberen Teil des Bildes. Stark ist die Spannung zwischen den beiden Teilen des Bildes: doch gelingt es der Gestalterin, beides ungeschmälert zum Ausdruck zu bringen: die Zerstörung einerseits und ihr gegenüber das rettende Ritual, das wie eine unangreifbare Insel der Stille wirkt. Ein schöner gestalterischer Einfall vermag die beiden Gegensätze miteinander in Kontakt zu bringen: es ist das kleine quadratische Feld in Goldgelb, mitten in dem ge-

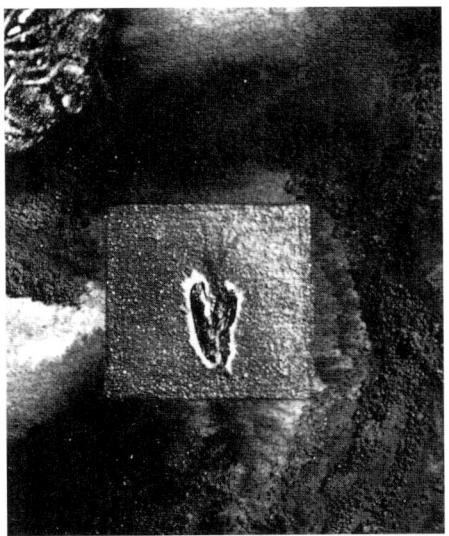

schwärzten und rostroten Gelände, das einen *Getreidekeimling* zeigt, der sich bereits aufrichtet. Hier keimt ein Korn! Es hat sich geteilt, ein winziges Keimblatt ist sichtbar geworden. Hier ragt die Hoffnung, die von den Körnern ausgeht, in das Feld der Zerstörung hinein. Hier könnte irgendwann einmal wieder etwas wachsen.

Das keimende Korn wirkt wie ein Wunder in diesem Feld der Zerstörung und zieht den Blick hinauf in den oberen Bereich des Bildes, der mit der gleichen goldgelben Farbe wie dieses Korn grundiert ist. Dieses obere Drittel wirft Licht auf das ganze Bild. Verbunden sind die beiden Bildfelder auch durch die eincollagierten Partikel von Holz, im unteren Feld als zersprengte, im oberen als die runde Ganzheit der Baumscheibe.

Im Zentrum des oberen Bildteils steht, einen markanten

Schwerpunkt setzend, der *Baum-Tisch*, die Fotokopie einer echten Baumscheibe. Um ihn herum, mandalaähnlich angeordnet, die offenen Hände, denen jeweils ein Korn zugeeignet ist. So bilden sie den Kreis der Hände. Es ist wie ein Ritual, ein Ritual des Weiterreichens, ein Sakrament des Kornes. Es erinnert an das Weiterreichen des Brotes beim christlichen

Sakrament des Abendmahls – aber auch an den Höhepunkt der Eleusinischen Mysterien, des altgriechischen Kultus um Demeter, die Korngöttin: wo schweigend eine reife Ähre in die Höhe gehalten wird wie eine Monstranz. Daran erinnert allerdings auch der einzelne Getreidekeimling im Feld der Zerstörung. Und die Hände, die hier das Korn weiterreichen: Haben die Menschen Engelshände, wenn sie einander das Korn, die Gabe des Lebens reichen?

In diesem oberen Teil kommt die konzentrische Gestaltung dieser Bildzone noch einmal besonders zur Anschauung. Zentrierend steht der Baum-Tisch in der Mitte, auch ist er wie die Pupille eines großen Auges gestaltet. Der Tisch, an dem gemeinsam gegessen werden soll und kann – zugleich ein Baum als Zeichen der menschenverbundenen Vegetation –, ist symbolisches Zentrum der Menschengemeinschaft, die sich nach einem selbstdestruktiven Krieg wiederfindet zum gemeinsamen Mahl, zum gemeinsamen Geben und Teilen, zum gemeinsamen Tun. Solch eine lebenschaffende Tat, aller Zerstörung zum Trotz, scheint nach dieser Bildidee das Ein-Pflanzen jenes Korns in die untere Bildzone gewesen zu sein, das nun zu keimen beginnt und das in der oberen Bildzone als künftiges Brot zwischen den Menschen zu kreisen anfängt.

In ein weiteres Bild, dessen Grund aus dunkler Erde gestaltet ist – Erde, auf den mit Leim bestrichenen Grund aufgetragen –, holt Elisabeth Weth nun auch Teile von realem Holz und Blattwerk herein, dazu Partikel von Flechten, die noch die graugrüne Naturfarbe beibehalten haben. Die Mitte bildet hier ein in den Erdgrund eingraviertes Ginkgoblatt, ein Blatt jenes uralten Baumes von unvorstellbarer Widerstandskraft, der seit Jahrtausenden alle klimatischen Veränderungen überstanden hat und sich auch noch heute der Umweltverschmutzung gegenüber als besonders widerstandsfähig erweist, weshalb zum Beispiel 1967 in Berlin einige hundert Ginkgos neu angepflanzt wurden.

Durch die vier goldgrünen Kreise mit Pflanzenstrukturen in den Ecken des quadratischen Bildes erhält es den Charakter eines mandalaähnlichen Ganzheitssymbols, das aus den ehrfurchtgebietenden Elementen unserer Erde besteht. Vor einem Bild wie diesem vor allem kam mir der Gedanke, solche Gestaltungen «Ikonen der Erde» zu nennen. Nach allgemeinem Sprachgebrauch bezeichnet «Mandala» ja zunächst einmal den Kreis, einen heiligen Kreis, der den Innenraum des Menschen, das Selbst, einen Tempelbezirk oder sogar den ganzen Erdkreis bedeuten kann. Einen solchen Kreis stellt Elisabeth Weths Bild allerdings nicht dar, vielmehr bildet es ein strenges Quadrat. Nun sind mir keine Mandalagestaltungen bekannt, die nicht aus den beiden komplementären Formen, dem Kreis und dem Quadrat, bestünden, dem Quadrat, das «*Das irdische Geviert*» (Heidegger) (Farbbild 5) mit dem mehr uranisch-umfassenden Symbol des Kreises vermittelt. Eine Kombination von Kreis und Quadrat finden wir auch hier in dem Bild von Elisabeth Weth. Es enthält beide Elemente: das Geviert des Feldes und dazu die vier sonnengleichen Kreise. Nur bescheinen und stützen sie in diesem Fall – vergleicht man mit dem klassischen Mandala – das Feld von außen, während die Mitte des Feldes selber aus dem eingravierten Ginkgoblatt besteht. Ein «inversives Mandala» gleichsam liegt hier vor, in dem die uranischen Symbole des Runden wie von außen das Innen, das irdische Feld, schützen. In seinem streng symmetrischen Aufbau hat das Bild dennoch Verwandtschaft mit der Struktur des Mandala.

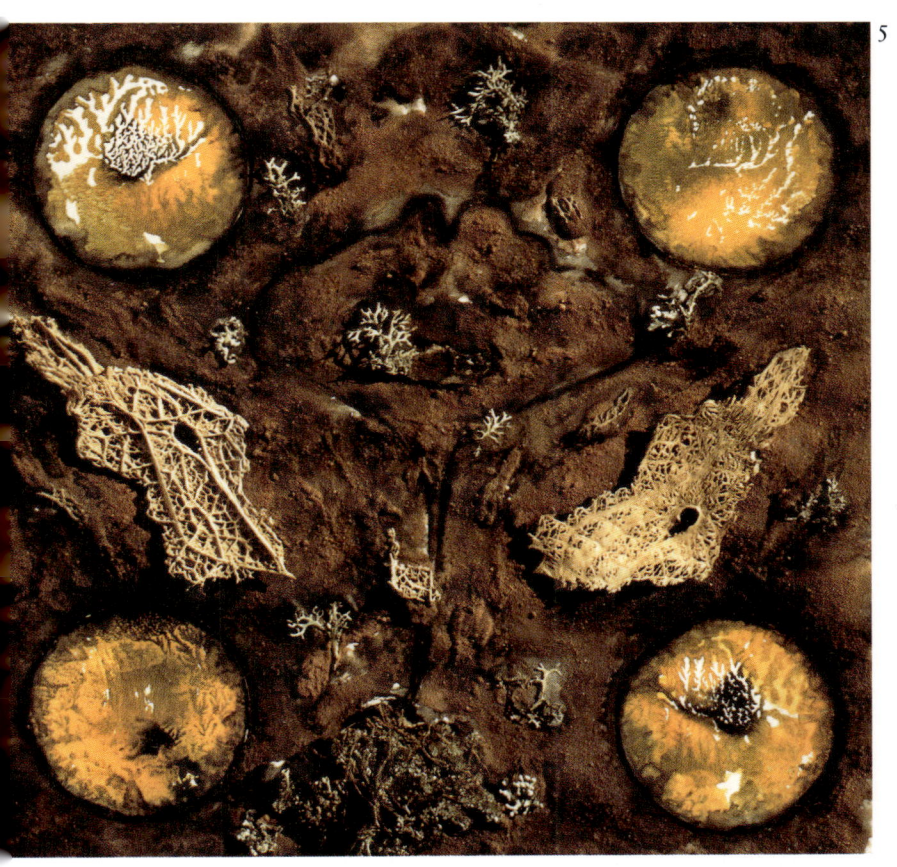

5 Das irdische Geviert

Zunächst fällt hier das Bildformat auf. Bei diesem findet sich unter Elisabeth Weths Bildern zum ersten Mal das streng quadratische Format, was der Gestaltung eine äußerste Ausgewogenheit von Länge und Breite, von Höhe und Tiefe verleiht. Hinzu kommt die Betonung der vier Ecken des Bildfeldes durch je eine der – im Vergleich zur gesamten Bildfläche – relativ großen *runden Scheiben* (Farbbild 6), die durch das Grüngelb ihrer Farbe kräftig hervorleuchten und somit mit den drei anderen Scheiben zusammen die farblichen Schwerpunkte der Komposition setzen. Wie mit vier leuchtenden Sonnen ist das Erdfeld hier bestrahlt, geortet, zugleich hervorgehoben als ein Ganzes, Stabiles und Geschütztes.

So orientierte man sich in den alten Zeiten durch Mandalagestaltungen, besonders in Tibet, aber auch bei indianischen Stämmen, hier in der Form von Sandbildern, man markierte die Himmelsrichtungen und schuf sich damit zugleich einen geordneten, geschützten Raum, in dem auch heilige und heilende Kräfte ihre Präsenz und Wirksamkeit erwiesen.

In Tibet glichen solche Mandalabilder, die auch dort primär der Orientierung im Kosmos dienten, zugleich den Grundrissen der Tempel – was sich insofern von selbst versteht, als die Tempel wiederum dem Modell des Kosmos nachgestaltet waren, zumeist mit den vier Weltsäulen als Eckpfeilern und einem runden Zentrum. Meist war die ganze Anlage dann noch einmal mit einem Kreissymbol des Kosmos umschlossen.

Von früh an dienten diese Bilder immer auch der Meditation, der Orientierung des Menschen in seinem Seelenraum, in dem sich der Kosmos innerlich spiegelt. Als solche Bilder, die der inneren Orientierung dienen, lernte Jung die mandalaähnlichen Gestaltungen aus dem Raum des Buddhismus kennen und schätzen – und fand zu seiner Überraschung

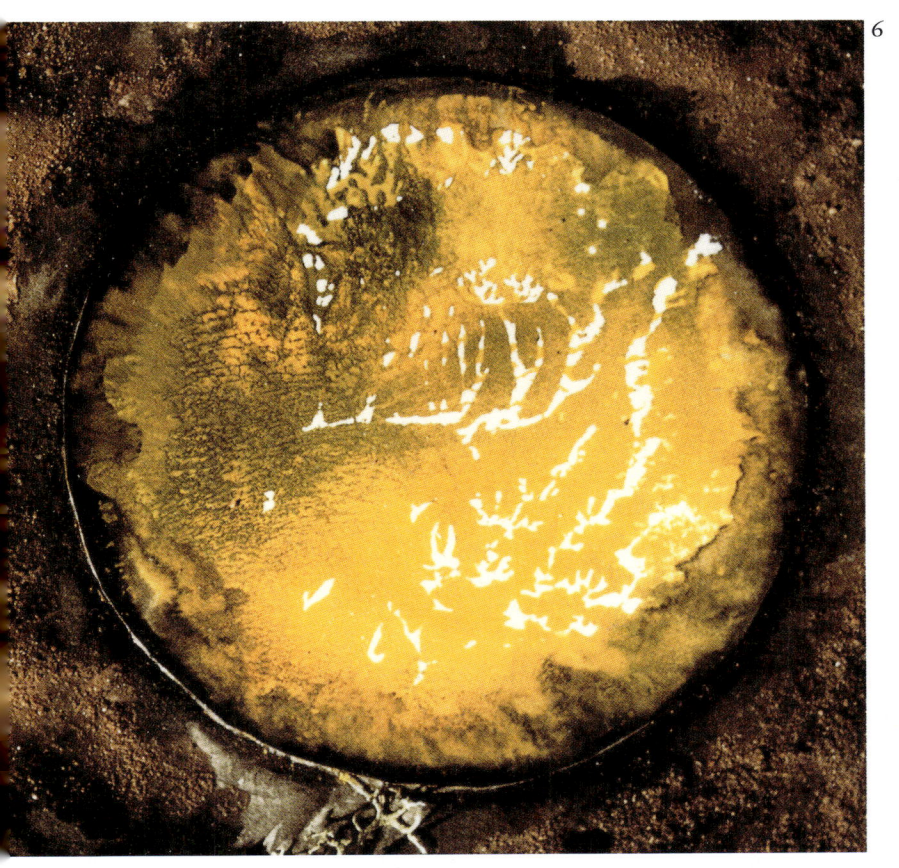

6 Goldene Scheibe (Ausschnitt)

ähnlich aufgebaute, streng strukturierte Bilder bei seinen Patienten wieder, wenn sie sich spontan nach psychischen Erschütterungs- und Fragmentierungszuständen neu in ihrem seelischen Innenraum und in der Außenwelt zurechtzufinden suchten: vor allem ging es bei diesen spontanen Malereien, mit denen die Patienten von selber begannen, jeweils darum, das Zentrum der eigenen Person, das Selbst in seiner Innen- und Außenwelt wieder zu orten.

Damit scheint die Funktion solcher Mandalabilder deutlich zu werden: Orientierung zu vermitteln, durch die sich sowohl die Gestalter als auch die Betrachter von Mandalas in den Strukturen der Psyche und des Kosmos, die Analogien aufweisen, heilsam wieder einordnen können. Nach Carl Gustav Jung («Psychologie und Alchemie») ist überall dort, wo ein streng quadratischer Raum erscheint, eine besonders qualifizierte Bühne bzw. ein Handlungsspielraum für die Findung und Verwirklichung des Selbst gegeben.

Elisabeth Weth ermöglicht sich also durch die Gestaltung eines solchen Bildes selbst eine Vergewisserung und Orientierung über ihren Standort auf der Erde (was auch im Körper und im Leben selber heißt), auch nachdem sie sich all den Nachrichten und Bildern von Krieg und Umweltzerstörung, die sie in der letzten Zeit erreichten, ausgesetzt hat.

In ihrer Komposition nun sieht sie das Feld der Erde geordnet und geschützt von den vier runden Lichtscheiben in jeder seiner Ecken. Sie gleichen sich und sind doch ganz individuell in den pflanzlichen Formationen, die sich auf ihnen abbilden. Diese pflanzlichen Formationen haben sich zur Verwunderung der Gestalterin von selbst gebildet, als sie zwischen zwei Glasscheiben die Lichtfarbe Gelb mit der Farbe des Wassers, Blau, zusammenfließen ließ: so wie Leben auf der Erde entsteht, wenn Licht und Wasser sich treffen.

Anschließend prägte sie diese runde Glasscheibe mit deren jeweils entstandenen Pflanzenstrukturen wie einen Stempel dem Bilde auf. In allen vier Ecken des Erdfeldes also entspringt nun sonnenerwecktes individuelles Leben: so steht es, gemäß der Botschaft dieses Bildes, um das Leben auf der Erde.

Elisabeth Weths Erdbild läßt Heideggers Vorstellung vom «irdischen Geviert» lebendig werden, dem Geviert, das der Mensch bewohnt und bestellt, pflegt und verantwortet – worin er seine Eigentlichkeit findet. In dieser Gestaltung kann er sich auf der Erde vertrauensvoll niederlassen, im Zeichen der vier Lebenssonnen, die an allen Ecken des Gevierts schützend und wärmend eingesetzt sind. Indem man sich aber niederläßt in diesem relativ dunklen Feld der Erde – Elisabeth Weth hat dunkle, großkörnige Erde zu seiner Gestaltung gewählt –, kann dieses Feld sein Bestes hergeben und zeigen, was es enthält: die Fähigkeit, Leben hervorzubringen und zu erhalten. Dies drückt die Umrißgestalt des Ginkgoblatts aus, die sie hier wie ein Strukturmuster potentiellen Lebens ihrem Erdfeld eingegraben hat.

Das «inversive Mandala», wie ich es nannte, bedeutet also, daß die energiestiftenden Sonnenkreise in das Lebensfeld hineingenommen sind und es nicht nur von außen umschließen, mit der Himmelsdimension gleichsam wie im klassischen Mandala, sondern daß an mehreren Stellen des Lebensfeldes ihr Licht ausgestrahlt wird. Anders herum, mehr vom Menschen her betrachtet, bedeutet es, daß wir unser Lebensfeld zwar abstecken – damit auch begrenzen –, einfrieden und bestellen in all seiner Konkretheit, daß wir die volle Verantwortung für dieses Stück Erde, dieses Stück Leben übernehmen, das in unserer Reichweite liegt, und dabei doch das Vertrauen darauf nicht verlieren, daß es zugleich von den vier Lebenssonnen, also Kräften aus dem größeren Kosmos, beschienen wird und behütet ist.

In einem weiteren Bild rückt Elisabeth Weth den Ginkgo bzw. ein Blatt des Ginkgobaumes ganz in die Mitte und läßt ihn aufleuchten wie eine Monstranz. Dieser Eindruck entsteht vor allem deshalb, weil das Zentrum des Blattes durch eine *kreisrunde Scheibe* (Oblatenform) so betont ist, daß die regelmäßigen Blattstrukturen wie Strahlen wirken, die von einer Mitte ausgehen.

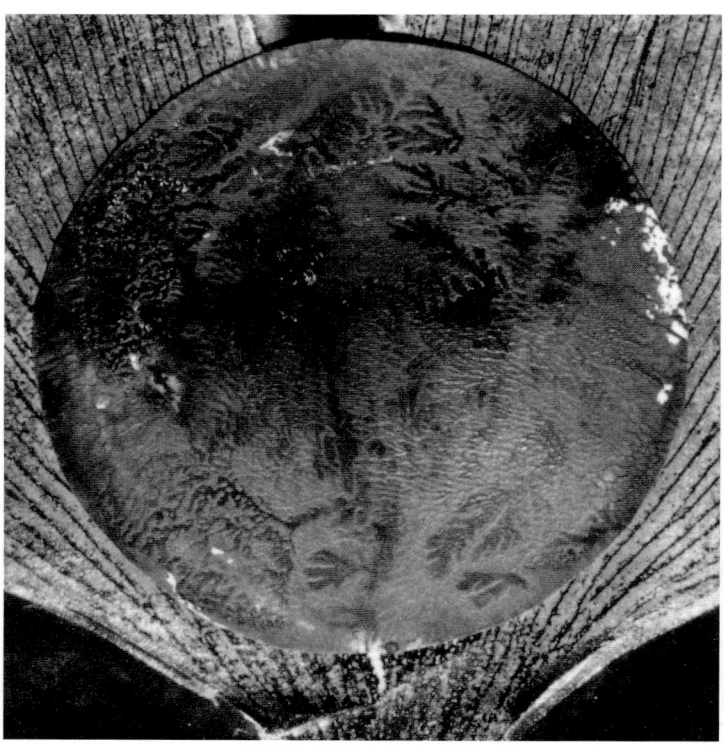

7   Ginkgo-Monstranz

Es ist ein bedeutsamer Einfall, finde ich, ein Blatt dieses uralten Baumes, der alle Zerstörung überlebt hat, sogar alle Umweltveränderung, hier wie das Blatt eines heiligen Baumes in die Mitte zu rücken. Als heiliger Baum wurde der Ginkgo in der Tat in Indien verehrt. Goethes Gedicht aus dem «West-Östlichen Divan» spricht davon. Indem das Kreissymbol des runden Ganzen in seine Mitte eingefügt ist, bekommt das Bild nun wirklich Ganzheitscharakter. Es geht eine starke Ausstrahlung von ihm aus, die den Betrachter zugleich auf die leuchtende Mitte konzentriert. Wieder läßt die Gestalterin das Bild aus dem Zentrum eines Astquerschnitts herauswachsen: Zu seiner Rechten und zu seiner Linken ist der Stiel des Ginkgoblatts von spiegelbildlich angeordnetem pflanzlichen Netzwerk umgeben, getrockneten Blattskeletten von Opuntien, einer Kakteenart. Indem sie Hochformat wählt, vermag Elisabeth Weth die Aufrichtung, die aufragende Gestalt dieser *Ginkgo-Monstranz* (Farbbild 7), wie ich sie nenne, noch deutlicher darzustellen. Der Ginkgo wird für sie zum Bürgen für die Überlebenskraft des Lebens. Als ein leuchtendes Symbol – sie hat es goldgelb gefärbt – stellt sie das natürliche Ginkgoblatt ins Zentrum des Bildes und gibt dem oberen Teil mit diesem Blatt eine strahlende Krone. Sie verstärkt die Wirkung noch, indem sie das Blatt mit einem *Kreissymbol* (Farbbild 8) in dem gleichen Goldgelb versieht, das diesem Blatt nun ein ruhendes und leuchtendes Zentrum verleiht. Auch in diesem Kreis sind die spontan entstandenen pflanzlichen Formen, die sich aus Gelb und Blau gebildet haben, besonders schön zu erkennen. Ein Gleichnis für die runde Ganzheit des Lebens ist dieses Bild. Astquerschnitt wie auch Blattskelette sind dabei von einem goldenen Rand umsäumt und haben damit Teil an dem Glanz des goldenen Blattes. Das Ginkgoblatt wiederum steht

8   Kreissymbol (Ausschnitt)

auf einem Bildgrund aus Erde, rotschwarz getönt, in die etliche zersprengte Holzteilchen eingestreut sind, und steht gerade im oberen Teil der Komposition vor einem überwiegend schwarzen Hintergrund, vor dem sich dann allerdings das Goldgelb des Ginkgoblattes umso strahlender abheben kann.

So etwas schaffen zu können, bedeutet eine innere Befreiung, auch wenn die äußere Bedrohung des Lebens auf der Erde bleibt. Es ist eine Befreiung nicht zuletzt für die Gestalterin selbst, die mit diesem Schaffen die zerstörerischen Kräfte bannt, die auch an ihr selber nagen und die sie mit dem Heilenden zusammen in ein Symbol faßt. Indem sie diese Bilder gestaltet, auch indem sie mir erlaubt, sie weiterzuzeigen, wirkt sie an der Bewußtseinsbildung über die Bedrohung des Lebens auf unserer Erde mit und zugleich auch an der Erweckung der Liebe zu den kleinen lebendigen Dingen. Es ist so: Leben ist belastend, wo wir uns nur ohnmächtig fühlen, Leben wird gehaltvoll, auch in unserer Zeit, wo wir an ihm und aus ihm heraus gestalten können.

Geburt nach innen – ins Innere der Erde

So überschreibt Elisabeth Weth einen Traum, den sie im Oktober 1990 hatte. Es ist für sie eine Phase, in der sie, die zu der Zeit in ihren 50er Jahren steht, auch in Wirklichkeit auf die Suche nach äußeren und inneren Quellorten geht, um ihr Leben, gerade auch ihr Leben als Frau (jenseits der Wechseljahre) neu zu begründen und mit den tieferen Quellen der Weiblichkeit, symbolisch der «Mutter Erde», zu verbinden. So reist sie zu verschiedenen Quellorten matriarchaler Religionen, zum Beispiel in die Bretagne, studiert die entsprechenden Symbole, wie die Spirale, und beginnt vor allem auch selber vieles aus Ton oder Erde zu gestalten. Eine Tonfigur nennt sie «Tochter der aufbrechenden Erde» – und meint wohl auch sich selbst damit. Sie beginnt, mit Erde direkt zu malen. In diese Zeit fällt der Traum, der sie sehr geheimnisvoll anmutet. Ich gebe den Traumtext in ihren eigenen Worten wieder:

«Ich bin mit drei oder mehr anderen Menschen unterwegs in unbewohnter Landschaft (Insel?), um nach alten Quellorten, Quellheiligtümern zu suchen. Eine schmale, große Frau hat Plan und Zeichnung; sie führt. Wir suchen eine Quelle, die nach dem Plan tief innerhalb eines mehreckigen (sechs- bis achteckigen) Gebäudes liegen muß. Auf dem Plan ist auf der Deckplatte über der Quelle eine Spirale eingezeichnet. Wir gehen einzeln hintereinander. Die führende Frau wendet

sich um, fragt, ob sie, wenn wir an der Quelle sind, wieder meine Gummisandalen ausleihen kann (sie hat wohl nicht die richtigen Schuhe für diese feuchten Orte).

Links von unserem Pfad sehe ich Gebäudereste, unter denen ich die Quelle vermute. Es geht aber weiter und dann rechts ab; der Boden ist manchmal etwas sumpfig. Die Frau führt uns nach rechts einen begrasten Hang hinauf. Oben stehen schon zwei Männer (?) auf der Koppel; sie haben einen anderen Weg genommen.

Dann sehe ich die Quelle wie in einem Querschnitt von unterirdischen Tierbauten. Sie wurde (wird) besucht von Frauen, die ein Kind gebären wollen. Sie baden in dieser Quelle. In dem Bild der durchschnittenen, einblickgebenden Erde sehe ich weiße oder weiß gekleidete Gestalten (von denen ich aus der Entfernung noch nicht feststellen kann, ob sie lebendig sind oder in ein Anschauungsbild gesetzt wurden) auf ganz enge Durchgänge wie schwebend zuschwimmen (von oben rechts kommend), die in ein Becken münden.

Die Bilder rühren mich tief an, machen mir aber auch Angst wegen der engen Durchgänge. Es ist wie eine Geburt nach innen, ins Innere (der Erde).»

Zuerst versuche ich, den Traum zu interpretieren, wie er sich mir nach dem Gespräch mit Elisabeth Weth erschlossen hat.

Sie ist mit dreien oder mehreren Menschen in unbewohnter Landschaft unterwegs, die sie an eine Insellandschaft erinnert. In den letzten Jahren sucht sie auch in der Wirklichkeit einsame Orte mit alten Kultstätten auf, Inseln im Mittelmeerraum oder im Bereich der bretonischen Küste, wie etwa Gavr'inis. Es sind Orte, an denen Menschen einmal in Ehrfurcht vor den Mächten des Lebens und des Todes lebten und ihnen dienten. Solche Orte ziehen sie seit einiger Zeit fast magisch an. So sehr sie dabei nach Stille verlangt, nach der Abwesenheit der Menge, so angenehm ist ihr die Gruppe Gleichgesinnter, die Ähnliches suchen wie sie; drei Begleiterinnen sind es hier, die in ihrer Dreierdynamik die Suche energisch verstärken mögen. Sie sind sich einig darin, daß sie zu den alten Quellorten, ja Quellheiligtümern hinfinden wollen, daß sie auf dem Weg sind zu dem, was man früher verehrte: den Quellen. Es ist eine Suche nach rückwärts, in die Vergangenheit hinein, in die Vergangenheit der Menschheit, damit wohl auch in die des eigenen Lebens – auch um nährende, belebende Orte wiederzufinden, mütterliche Orte gerade dann, wenn man, wie die Träumerin, lange unter der Dominanz, auch der theologischen, eines Vaters und eines bestimmten Vaterbildes gestanden hat.

Die Führung bei der jetzigen Suchwanderung hat eindeutig eine Frau. Schmal und groß ist sie – also kein rundlich-mütterlicher Frauentyp, eher eine Artemisgestalt, eine Fährtensucherin: und sie ist kundig, hat Plan und Zeichnung. Der Quellort ist also grundsätzlich bekannt und auffindbar – wenn wohl auch nicht so einfachhin, sondern nur unter sachkundiger Führung.

Daß diese wegkundige Frau mit der Träumerin in gutem ergänzendem Kontakt steht, letztlich ein Anteil derer selbst ist, zeigt sich an dem kleinen Zug des Traumes, daß die führende Gestalt das Ich der Träumerin bittet, ihr die Gummisandalen zu leihen, wenn sie erst bei der Quelle seien. Das Ich und die Führerin ergänzen einander: das Ich hat mit seinen Gummisandalen den stabileren Standort angesichts des vom Quellwasser (Wasser aus dem Unbewußten) aufgeweichten Bodens, es kann sich dort besser bewegen. Die führende Frau (eine Anima- bzw. Selbstfigur) ist dagegen kundiger beim Auffinden des Quellortes. Es bedarf dann allerdings, für den richtigen Bodenkontakt (bzw. auch zur Isolierung gegenüber dem Sumpf), der Standfestigkeit und Bodenständigkeit des bewußten Ich, die es der Führerin durch Ausleihen der Sandalen auch «verleiht».

Schon auf dem Plan ist das Erkennungszeichen für die Quelle eingezeichnet: die Deckplatte trägt ein dreifaches Spiralsymbol, Zeichen des sich immer weiter ausrollenden und schließlich wieder einrollenden Lebens. Die älteste Bedeutung der Spirale entspricht wohl der gleichzeitigen Entdeckung des frühen Menschen, daß das Leben immer weitergeht, nie abreißt, so wie der Quellstrom immer weiterspendet, nie aufhört. Tief innerhalb eines mehreckigen Gebäudes – als «sechs- bis achteckig» ist es bezeichnet – soll die Quelle liegen: also ist sie enthalten in einem umschließenden Gebäudekomplex. Diese Quelle liegt nicht mehr frei in der Natur, sie ist von Menschenhand gefaßt und schützend abgedeckt, schließlich von einem Gebäude, vielleicht einem alten Quelltempel, umgeben. Sie stand demnach einmal in hohem Ansehen bei den Menschen, wird aber wohl schon lange nicht mehr genutzt.

Nun beschreibt der Traum genau, wie die Suchwanderung nach der Quelle vor sich geht. Die Mitglieder der kleinen Gruppe gehen einzeln hintereinander, der Pfad ist schmal. Die entsprechende Erfahrung, um die es hier geht, ist wohl nur einzeln zu machen, auch wenn man sich als Gruppe ihr nähert. Dann meint die Träumerin, unter den Gebäuderesten, die sie links von diesem Pfad erkennt (also in Richtung des Unbewußten), die Quelle vermuten zu dürfen: doch die Frau, die die Gruppe leitet, führt nach rechts (also in die Richtung des Bewußtseins) den Grashang empor. Oben stehen schon zwei Männer, die auch zu der Gruppe der Quellensucher gehören. Sie haben einen anderen Weg, ohne Führung, genommen. So gibt es wohl einen direkteren Weg als denjenigen, den das Ich unter Führung jener Frau wählt? Einen Männerweg? Einen Weg, den die männlichen Anteile der Träumerin bevorzugen würden? Dieses Motiv greift jedoch der Traum nicht weiter auf. Der Weg unter weiblicher Führung ist vermutlich der etwas weitere, der dabei aber sanfter, dem Gelände mehr angeschmiegt, durch die Landschaft verläuft.

Von oben wird nun dem Traumich die Quelle gezeigt, es kann eine Art Röntgenblick in die Anlage der Quelle werfen, obgleich es offenbar noch nicht selbst dorthin gelangt ist. Es sieht die Wasseradern in ihrem vernetzten Verlauf, der dem Querschnitt eines unterirdischen Tierbaues gleicht. Die Träumerin weiß oder sieht auch plötzlich, daß diese Quelle von Frauen besucht wurde und wird, die ein Kind gebären wollen. Sie baden in dieser Quelle. Ein uraltes Motiv ist dies: Frauen, die an der Quelle ihre Fruchtbarkeit zu beleben suchen, indem sie unmittelbar ein Bad in der Quelle nehmen, in die Quelle eintauchen – ist die Quelle doch selbst ein Symbol des fruchtbaren, mütterlichen Erdreiches (der mütterlichen Brust).

Quellnymphen wachen über die Quellen und ihre Kräfte, der Frau Hulda bzw. der Frau Holle waren sie geweiht. Wie im Brunnen und im Teich war hier der Ursprungsort der neugeborenen Kinder, aus dem sie geschöpft wurden.

Und nun sieht die Träumerin, wie «weiße oder weiß gekleidete Gestalten» innerhalb dieses Quell-Labyrinths «auf ganz enge Durchgänge wie schwebend zuschwimmen» (von oben rechts – aus dem Bewußtseinsraum der Außenwelt? – kommend), auf Durchgänge zu, die in ein Becken münden.

An dieser Stelle ist die Träumerin von dem, was sie sieht und erlebt, am stärksten ergriffen. Sie notiert zu dieser Stelle:

«Die Bilder rühren mich tief an, machen mir aber auch Angst wegen der engen Durchgänge. Es ist wie eine Geburt nach innen, ins Innere (der Erde).»

Es ist ihr also, als kämen diese weißen oder auch weiß gekleideten Gestalten von außen und würden, durch die Wasseradern des Quellsystems schwimmend, in den Mutterleib der Erde hineingeboren. Sind es Keimkräfte des Lebens? Sind es – damit wären wir dem Einfall der Träumerin am nächsten – bisher noch Ungeborene, ungeborene Wesen und Kräfte, die auf dem Wege sind, nach innen, ins Innere der Erde hineingeboren zu werden? Geht es ihr doch in diesen Jahren, in denen sie jenseits der biologischen Gebärfähigkeit steht, um die Geburt innerer Kinder: sie seien schon unterwegs, mag ihr der Traum andeuten, sie seien bereits dabei, die engen Durchgänge eines jeden Geburtsweges, die Engpässe jeden Gebärvorganges zu durchschwimmen, um in der Mutterhöhle der Erde geboren – oder auch weiter ausgetragen zu werden. Daß sie in der Farbe Weiß erscheinen, ergibt symbolisch den Sinn, daß sie noch in der Anfangs- und Ursprungsfarbe sind, noch vor jeder Brechung des Lichtes, wie ja auch Täuflinge und Initianten in weiße Gewänder eingehüllt werden.

Der Traum beschäftigt Elisabeth Weth so nachhaltig, daß sie zwei Bilder zu ihm gestaltet, um ihn sich mehr und mehr anzueignen. Wieder entwirft sie ein Bild unter Verwendung von wirklicher Erde, realen Moosen und von Kräutern, mit denen sie das Gesträuch im Sumpfboden markiert. Sie nennt es *Geburt nach innen I* (Farbbild 9). Dieses erste Bild ist deutlich in zwei Zonen quergeteilt. Ein Viertel des Bildraumes gehört der Oberwelt, der einsamen Insellandschaft und dem dunklen Himmel darüber. Drei Viertel gehören der «Unterwelt», dem Raum unter der Erde, in den die Träume-

9   Geburt nach innen I

rin, wie der Traum es schildert, hineinblicken kann, wie in den Querschnitt eines Tierbaues. Das Braun dieses ganzen größeren Bildteiles besteht aus realer Erde.

In vier geschwungenen Adern, die, wie im Traum gesehen, alle von rechts oben, von der bewußten Oberwelt her, nach links unten der Erdhöhle entgegenführen, schwimmen schwebend die weißen Gestalten, mit dem Kopf voran, auf die Erdhöhle zu. Unmittelbar vor dem Eingang in die Höhle verengen sich die Aderkanäle zu den schmalen Durchgängen, deren Passage der Träumerin Angst macht. In der schwarzen Erdhöhle nun, die an den Innenraum eines weiblichen Körpers erinnert, wächst aus einem schneckenförmigen Gebilde ein Baum, der zugleich einer Gebärmutter ähnelt.

In dem Erdinnenraum also sollen die weißen Gestalten, die noch ihrer vollen Ausgestaltung harren, geboren oder auch wiedergeboren werden. Sie kommen von außen und von oben, so legt diese Bildgestaltung nahe, und sie sind auf dem Weg nach innen.

Wie ein unübersehbares Wegzeichen links oben im Bild, an der «klassischen» Stelle, an der in Bildern der christlichen Kunst so oft das Gottessymbol erscheint, steht hier der sechseckige Stein mit der Dreierspirale, dem Erkennungszeichen und zugleich auch der Deckplatte jenes Quellortes, der im ersten Teil des Traumes gesucht wird. Jenes Quelladerlabyrinth unter der Erde, in das die vier weißen Gestalten (als Vierheit sind sie eine Ganzheit) rückgeboren werden: dies war die darunter verborgene Quelle, anders als vermutet.

Ein Bildausschnitt hebt die *Dreierspirale* der Deckplatte – das Foto einer Originalspirale aus der Jungsteinzeit, Zeit einer weltweiten matriarchalen Kultur – noch einmal sehr schön ins Gesichtsfeld. Die Dreierspirale besteht aus einer Doppelspirale mit ihren beiden Polen: demjenigen, der sich

ausrollt, und demjenigen, der sich einrollt; die eine Bewegungsrichtung ist rechtsläufig, die andere linksläufig, gemäß dem Rhythmus des Lebens, das sich auffaltet und einfaltet, das gegenpolig verläuft. In dieser Spiralform nun entspringt der Gegenpoligkeit eine dritte – oder ordnet sich ihr zu –, wie es der dreifachen Erscheinungsweise der matriarchalen Göttin als jugendlicher, reifer und schließlich alternder entspräche. Auch die Phasen des Mondes als zunehmender, voller und wieder abnehmender Mond entsprechen diesem Dreierrhythmus.

Das Sechseck ist eigentlich als Grundriß des quellnahen Gebäudes gedacht, so beschreibt es der Traum: doch hier ist es zur Umrahmung für die Deckplatte der Quelle geworden, ein Sechseck, das den doppelten Dreierrhythmus enthält und zum alten Symbol für die Verbundenheit von männlichen und weiblichen Kräften geworden ist und damit auch für erotische und sexuelle Anziehungskraft. Diese Deckplatte ruht oder steht im Gesamtbild, wie wir uns erinnern, direkt über der Erdhöhle, in der die Geburt nach innen erfolgen soll. Sie ist die eigentliche Quelle, die der Traum meint.

Der Eingang in das Quellsystem führt von oben zwischen zwei Büschen hindurch. Es ist deutlich erkennbar, daß Elisabeth Weth beim Komponieren des Bildes eine Art unterirdischen Baues vor Augen hat, zu dem die Zugänge von außen hineinführen. Diese Vorstellung unterscheidet sich etwas von der ursprünglichen des Traumes, in dem ein Quellsystem gesucht wurde, dessen Wasseradern in großer Tiefe entspringen. Hier im Bild geht es nun wirklich darum, eine «Geburt nach innen» darzustellen, bei der etwas, das zunächst von außen, von der äußeren Welt kommt – Anteile der Gestalterin selbst? –, nun nach innen, durch die engen Durchgänge hindurch in einen Innenraum hinein geboren werden soll.

Vier Gestalten schwimmen auf die Erdhöhle zu, wobei drei von ihnen wie parallel von rechts oben kommen, eine vierte hingegen wie von unten hinzutritt. Wie eng die Durchgänge unmittelbar vor der Erdhöhle werden und wie dynamisch drängend der Weg durch die Erde gesucht wird, kommt in einem weiteren Ausschnitt in der *schwimmenden Gestalt* stark zum Ausdruck und zur Erfahrung: eine Situa-

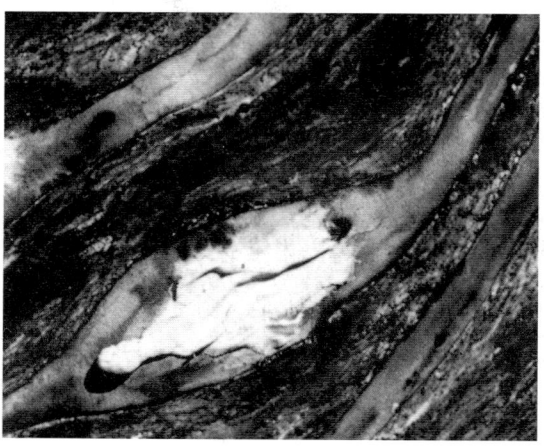

tion, die der Gestalterin, die sich selber in den Schwimmenden wiederfindet, große Angst macht. Die vier Figuren müssen durch schwierige Engpässe hindurch, wie es bei der Geburt unerläßlich ist, wenn sie wirklich nach innen geboren werden sollen.

In einem letzten Ausschnitt wird die dunkle Erdhöhle noch einmal gut einsehbar. Die Darstellung vermittelt den Eindruck, als sei aus der Mitte der sich eindrehenden Schnecke vorn, die auch eine Bewegung nach innen vollzieht, der «Baum» erwachsen, der einer Plazenta gleicht (es handelt sich um ein reales Plazentafoto). Vielleicht werden die nach innen schwimmenden Gestalten – als wären sie Spermien – zunächst von dieser *Gebärmutter der Erde* aufgenommen und weiter ausgetragen, um schließlich, entweder noch tiefer nach innen oder auch wieder zur Außenwelt hin, geboren zu werden? Die Gestaltung legt es nahe, diesen Erdinnenraum selbst als eine Art von Geburtshöhle und Gebärmutter anzusehen.

Einen weiteren Versuch macht Elisabeth Weth, die *Geburt nach innen II* (Farbbild 10), von der jener Traum sprach, zu gestalten. Sie läßt alles mehr Äußerliche, auch den Rückbezug auf die obere Welt, sogar den Eingang, weg: und konzentriert sich allein auf die Erd-Innenwelt, zu der nun auch die Dreifachspirale gehört.

Der ganze Bildgrund ist mit Erde gestaltet. Auf den Weg nur einer einzigen weißen Gestalt hat sich Elisabeth Weth hier konzentriert. Durch einen sehr langen, dünnen Zugang nähert sich diese Gestalt der Höhle – von der sie nur noch ein ebenso dünner Zugang trennt. Auch hier erinnert die schwimmende Gestalt – wenn man den Zugang zugleich wie ihren Schweif sieht – an eine Spermie auf der Suche nach Vereinigung mit einer Eizelle.

Das Gegenüber der beiden Formen, der weißen Gestalt und der Erdhöhle, ist stark in die Wahrnehmung gerückt: zwischen der andrängenden Gestalt in dem herzförmigen Bett, zu dem sich der Gang, in dem sie sich befindet, erweitert, und der Erdhöhle mit dem Baum, der aus der Schnecke erwächst. Wie sehr sich die beiden anziehen und miteinander verbinden möchten, verdeutlicht Elisabeth Weth mit den beiden intensiv roten Stellen, die sich, einander gegenüber, wie energetische Anziehungspunkte anfühlen, die sich sowohl über dem Kopf der weißen Gestalt wie über der Mündungsstelle des Geburtskanals in der Erdhöhle befinden.

Geburt nach innen: das ist, wie wir sahen, für die Träumerin jenes Traumes von der Quellensuche bei ihrer bildnerischen Gestaltung des Traumes zu einem zentralen Thema geworden. Die reale Quellensuche und die Suche nach alten matriarchalen Heiligtümern, die sie in den letzten Jahren bewegt, erlebt sie als eine Art Befruchtung und Schwangerschaft, in denen sie selber – oder doch wichtige Anteile in ihr

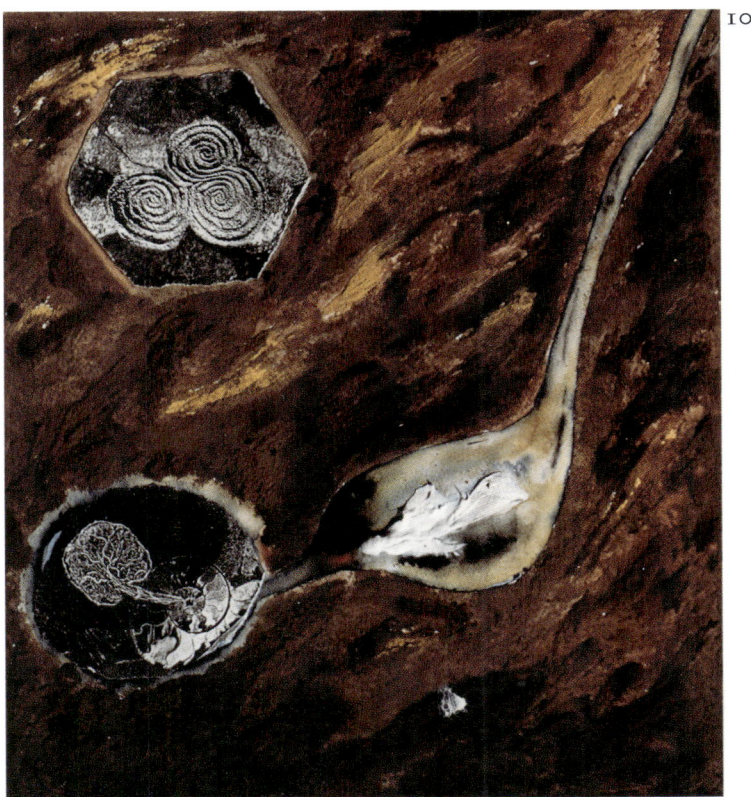

10 Geburt nach innen II

– in das Innere der Erde oder in den eigenen Innenraum, Körperraum einzugehen vermögen.

Inwiefern es bei dem ganzen vor allem um eine schöpferische Innenwendung zum Leib, zur Erde, oder auch um eine beginnende Auseinandersetzung mit Alter und Tod geht, muß offen bleiben.

Für die vom Vater und seiner patriarchalen Theologie geprägte Frau ist der Zugang zur Erde, ihr Hineingeborenwerden in die Erde, auf jeden Fall mehr als nur Ausdruck einer lebensphasenbedingten Wandlung: es ist für sie der Zugang zu den Quellen des Weiblichen überhaupt, einer weiblich geprägten Kultur und Religion – wie er für viele Frauen unserer Generation unentbehrlich wird.

Das Golfkriegsbild

Außerordentlich stark hat sich Elisabeth Weth durch den Golfkrieg von 1991 erschüttern lassen, sie, die den Bombenkrieg in Europa als Kind noch miterlebt hat. Es ging ihr dabei wie vielen, bei denen der Golfkrieg mit seinen Bombardements gegen die irakische Zivilbevölkerung das Kriegstrauma der Kindheit wieder belebte. Hinzu kam die Angst, die ihre Sonderschulkinder während dieser Zeit zeigten, als hätte der Krieg auf uns überspringen können. Auch dies war keine Einzelerfahrung. Zahlreiche Lehrer berichten von der erhöhten Angst der Kinder. Natürlich sprang damals die mühsam niedergehaltene oder auch verdrängte Angst der Erwachsenen auf die Kinder über und rumorte in deren Unbewußtem.

Wir sollten nachträglich nicht von einer Hysterie sprechen. Die Gefahr eines kaum mehr einzudämmenden Flächenbrandes war groß. Immerhin waren Atommächte im Spiel, auch Irak war nicht weit davon, zur Atommacht zu werden – man wußte nicht sicher, wie weit er es schon war. Der mögliche Einsatz von Atomwaffen hätte ein nicht absehbares Inferno auslösen können.

Die Schlagzeilen der Tageszeitungen, aber auch Aussprüche der beteiligten Kontrahenten selbst, machten Elisabeth Weth so betroffen, daß sie sich die entsprechenden Pressemitteilungen ausschnitt und später einige davon in einer Bildgestaltung verwandte, die sie *Und ein frisches Blatt trug die Taube im Schnabel* nannte (Farbbild 11). Dazu gehören zum

Beispiel Saddam Husseins Drohung an seine Gegner: «Ihr werdet in Eurem Blut schwimmen» oder seine Bezeichnung dieses Krieges als *«Mutter aller Schlachten»*, aber auch Formulierungen von westlicher Seite, wie «Inferno»; *«Die Hölle los»*; «Meilenweit schwarz verbrannte Erde»; «Das Wasser wird für den menschlichen Gebrauch nicht mehr nutzbar sein»; «Umwelt als Geisel»; «Salam und Schalom sind zu Symbolen unversöhnlicher Gegensätze geworden». Darunter waren auch zynische Aussagen wie: «Die geeigneten Todeszonen finden»; «Neue Variante der Kriegsführung»; «600 Angriffe in 24 Stunden»; «Die ‹klugen Bomben› (smart bombs)»; es waren Schlagzeilen, die den Leser schier erschlugen.

In den gleichen Wochen füllten Katastrophenmeldungen aus der übrigen Welt die Presse, Nachrichten, die Elisabeth Weth sensibel wahrnahm und aufnahm: «Erdbeben im Hindukusch»; «60 000 Krebstote durch sowjetische Atomtests»; «In den Slums tickt die Cholera-Zeitbombe». Was kommt mit solchen Überschriften und Bildern täglich auf unser Gefühl und unser Gewissen zu! Elisabeth Weth fühlte sich dazu gedrängt – auch um ihrer Erschütterung Ausdruck zu geben –, ein Bild aus genau diesen Schlagzeilen zu gestalten. Die Schlagzeilen, die sie am meisten bedrückt hatten, bettete sie in dem Bild, das sie in jenen Wochen aus innerer Notwendigkeit heraus schaffen mußte, in den Hintergrund der leidenden, der gequälten Erde ein, so daß sie zugleich wie Schnittwunden in der wieder aus realer Erde gestalteten Bildfläche erscheinen. Durch Rot-, Gelb- und Orangetöne setzt sie das Flammen und Bluten auf diesem Stück Erde, Irak, ins Bild. Rauchgeschwärzt und von auslaufendem Öl überschwemmt, bleibt der Boden dieses Landes zurück. Für die Ölverschmutzung auch des Golfes – «Umwelt als Geisel» lautete eine der

eincollagierten Schlagzeilen – steht das jammervolle Bild eines Kormorans mit ölverklebtem Gefieder, ein Pressefoto, das um die Welt ging, und bei dem für viele erst die Ergriffenheit und die Trauer um das durch diesen Krieg beschädigte Leben begann, viel mehr als durch die abstrakten Zielfotos aus den Kabinen der Bomberpiloten, mit denen uns das Fernsehen vornehmlich fütterte.

Was ist hier Wirklichkeit? War die Realität nicht schlimmer, als alle Fotos wiedergeben? War es nicht bloße Phantasie im negativen Sinne, Propagandaphantasie, daß es von westlicher Seite her eine leidlich ästhetische oder gar ethische Operation in diesem Krieg noch gäbe? Was ist hier Phantasie? Phantasie ist hier gewiß nicht das, was diejenigen darstellten, die sich die Schrecken, die das Ganze für alle Betroffenen an sich hatte, auszumalen wagten: sondern dieses Sich-Ausmalen, dieses symbolhafte Gestalten, wie Elisabeth Weth es tat, kam in diesem Fall der Wirklichkeit am nächsten.

In ihrem Bild hat sie eine Plakattafel geschaffen, auf der sie mit Flammenschrift die Schlagzeilen aus den Wochen des Golfkrieges – vor kurzer Zeit erst ist dies unter uns geschehen – festgehalten und aufgeschrieben hat: eine Tafel, die an die Gewissen rühren soll, damit sie die Beschädigung unserer Erde und auch unserer Sprache und unserer Ethik wahrnehmen, die seither durch die Anwendung von Gewalt von allen Seiten her in wachsendem Maß geschehen ist: Es ist, als sei die Gewaltanwendung von da an stärker legitimiert worden unter uns. Wenn wir nur an die Gewaltausbrüche gegenüber Ausländern und Asylsuchenden denken, die keineswegs nur, aber doch auch von Jugendlichen verübt werden, wenn wir an die überall ausbrechenden ethnischen Konflikte denken, die mit Gewalt ausgetragen werden, wie in den Regionen des ehemaligen Jugoslawien oder auch zwischen den Völker-

11 «Und ein frisches Ölblatt trug die Taube im Schnabel»

schaften der verschiedenen ehemaligen Sowjet-Republiken, so wird das Ausmaß möglicher Zerstörung bewußt!

Brandschwarz und ölschwarz hat Elisabeth Weth die aufgerissene Erde gestaltet, mit Spuren von Feuer und Blut getränkt. Eincollagiert sind die Fotos von Gasmasken, Ölleitungen, Geschützbatterien, Langstreckenraketen, Bilder von verzweifelten Menschen und von Partikeln der Natur, die aus ihrem natürlichen Erdbett gerissen sind: eine freiliegende Wurzel hängt der Länge nach durch das ganze Bild herab.

Das Inferno tobt vor allem akut in der obersten Zone des Bildes: rechts oben in der Detonation, deren ohrenbetäubenden Einschlag man direkt durch die Farben des Bildes auch akustisch wahrzunehmen vermag. Grelles Gelb, Rot und Schwarz explodieren und lösen sich in schwarzem Qualm auf.

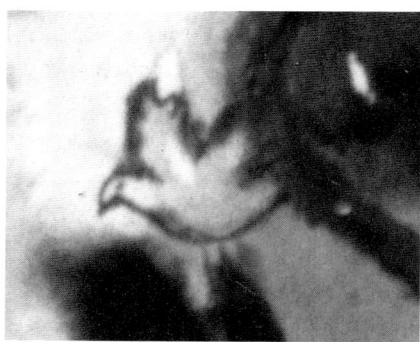

Entfliegt dieser Explosion wirklich eine *Taube* – oder erschaffe ich sie mir als Betrachterin mit meiner Phantasie, weil es schier unerträglich ist, hier nichts als die blanke Zerstörung zu sehen? Ich vergleiche noch einmal mit Elisabeth Weths Notizen zu dem Bild und lese, daß sie das Bild ausdrücklich auf Genesis 8,11 bezieht, auf die Noah-Taube, die nach der Sintflutkatastrophe mit einem frischen Ölblatt im Schnabel zu der Arche Noah zurückkam: ein Zeichen der Hoffnung auf neu entstehendes und neu betretbares Land ...

Wenn es also eine Taube ist, so entfliegt sie dem Feuersturm in Richtung auf den einzigen Baum zu, der noch im Bild erkennbar bleibt – in einen immerhin etwas helleren Raum. Doch auch dieser Baum ist verkohlt. Gibt es denn überhaupt kein Gegengewicht in diesem Inferno?

Doch: Unter den Schlagzeilen ist eine, eine von denen, die in kleineren Buchstaben gehalten sind: «Hunderttausende in aller Welt demonstrieren». Wie unzählige Wunden, nur notdürftig mit Pflastern überklebt, wirken diese eincollagierten Schlagzeilen im verwundeten Leib der Erde – es wäre schier nicht zu ertragen für Gefühl und Gewissen eines sensiblen Menschen, sendeten ihm die tragenden und heilenden Kräfte des Unbewußten nicht gerade in solchen Verzweiflungszeiten immer wieder Träume, wie denjenigen von den Körnern neuen Lebens, von dem ich bereits berichtet habe.

Pietà 1991

Sie hat nicht mehr die Kraft,
um Leben anzustehen

Die Wirklichkeit: Es war die entsetzliche Flutkatastrophe von Bangladesch vom Mai 1991, die in mehreren Wellen wiederkam und furchtbares Elend stiftete. Menschen waren abgeschnitten vom Land, hilflos in den Fluten, ohne Obdach und Nahrung. Armselig wirkten die Hilfsaktionen der Welt, die zum Teil gar nicht in die am schwersten betroffenen Gebiete gelangen konnten. Wo Flugzeugladungen ankamen, mit Lebensmitteln und Medikamenten, entstand ein Massenansturm auf das Wenige, ein Andrängen aller, dem manche nicht mehr gewachsen waren.

Wie geht es uns mit solchen Meldungen? Es war kurz nach dem Ende des Golfkrieges, nach der Massenflucht der Kurden – konnten wir diese Meldungen überhaupt noch aufnehmen, innerlich nachvollziehen? Was machen sie mit unserer Psyche, was macht unsere Psyche mit ihnen? Erinnern wir uns überhaupt noch an die Flutkatastrophe von Bangladesch?

Elisabeth Weth ließ sich von einem der Bilder jener Katastrophe, die damals durch die Presse gingen, einem AP-Foto, so tief berühren, daß sie ein inneres Gespräch mit diesem Bild begann, mit diesem Foto und damit auch mit der Realität eines der betroffenen Menschen, die hier wiedergegeben sind, einer dieser Frauen, die vom Elend überwältigt sind. Die Bildunterschrift lautet: *Sie hat nicht mehr die Kraft, um Hilfe anzustehen.*

Eine Frau hockt im Vordergrund des Bildes, nur mit einem Tuch bekleidet, mit dem sie Kopf und Oberkörper nach Landessitte umhüllt. Sehr faltig und verarbeitet sind Gesicht und Hände dieser Frau, von der man nicht weiß, ob sie nach Jahren oder einfach nach dem Maß ihrer Belastungen so verbraucht wirkt. Weitab sitzt sie von dem Menschengewimmel, von Erwachsenen, Jugendlichen und Kindern, die sich unter dem Rumpf des Flugzeugs, das wohl die Hilfsgüter gebracht hat, drängen. Sie sitzt weitab, einsam auf dem leeren Platz. Nur der Pressefotograf hat sie mit sensiblem Blick wahrgenommen, fokussiert und damit ins Blickfeld des Betrachters gerückt, seinen Gefühlen und Gedanken anheimgegeben, aber auch zugemutet, anvertraut. Unendlich müde ist ihr Gesicht, ihr Blick hängt am Boden, sie hat abgeschlossen mit allem, wartet auf ein Ende.

Wer mag sie sein? Wir wissen es nicht. Aber unsere Phantasie sagt: eine Mutter, eine alte Mutter wird sie sein, vom Leben erschöpft, vom Dienst am Leben aufgezehrt. Sie will nichts mehr für sich. Sie hat es aufgegeben, zu kämpfen: Sie hat nicht mehr die Kraft, um Leben anzustehen.

Elisabeth Weth beginnt ein inneres Gespräch mit diesem Bild, das sie auch bei einer Urlaubswoche auf Samothrake mit dabei hat, nachdem sie es in einer deutschen Zeitung gefunden hatte, und das sie immer wieder aufschreckt aus ihrer Ferienstimmung. Mit den folgenden Sätzen schreibt sie im Mai 1991 ihr Gespräch mit diesem Bild in der Inselstille auf Samothrake nieder:

Du hast Leben empfangen
Leben getragen
dem Leben Raum gegeben
Leben geschützt
erhalten

Ich sehe dein Bild an
und weiß
du kannst
Leben nicht mehr schützen
erhalten

12 Pietà 1991

Du bist nicht mehr bei denen
die um ihr Leben
ihr Überleben kämpfen
du bist von ihnen gegangen
solange du noch die Kraft hattest
zu gehen

Du bist voller Schmerz
dich so zu sehen
macht tiefen Schmerz
bringt Tränen

Ich will dein Bild festhalten
weitergeben

Ich will nicht
daß du verlorengehst

Ich will dich unter größere
umfassendere
Augen des Lebens geben

Ich will dich aufgehoben wissen

Und dann beginnt Elisabeth Weth mit ihrem eigenen Versuch, diese Frau, das Bild dieser Frau, unter «größere, umfassendere Augen des Lebens» zu geben, unter denen sie sie «aufgehoben» wissen kann. Sie beginnt ein Bild zu gestalten, ein Bild ihres Trauerns, gemeinsam mit dieser Frau, ein Bild aber auch von der Trauer der größeren Mutter Erde um diese Frau, ein Bild, in das sie schließlich das Foto der Frau einfügt: *Pietà 1991*, so soll dieses Bild jetzt heißen (Farbbild 12).

Es ist mir wichtig, verständlich zu machen, daß Elisabeth Weth dieses Bild auch darum gestaltet, um ihrer eigenen Aufgewühltheit durch so viel Leiden auf dieser Erde eine Gestalt zu geben – ihre Erschütterung über die Schreckensmeldungen der Zeitungen, des Fernsehens reißt ihr eigenes Erleben von Sinnlosigkeit auf. Und nur indem sie ein Bild, ein Symbol schafft, vermag sie die sinnwidrige Realität in einen größeren Zusammenhang des Miterleidens, des trauernden Gedenkens – und damit in einen Sinnhorizont zu erheben.

Die schöpferische Phantasie, die der Wirklichkeit gestaltend gegenübertritt, ist aufgerufen. Wie nun gestaltet Elisabeth Weth ihr Bild, das Bild für jene unbekannte Frau, Pietà 1991?

Es ist ein Bild, geformt aus Erde; reale Erde, geformt zu einem weinenden Gesicht, das zugleich den Mund weit aufreißt, wie zu einem Schmerzensschrei. Der Inhalt dieses Schmerzensschreis wiederum ist das Foto jener Frau, die nicht mehr die Kraft hat, um Leben anzustehen. In dieses Gesicht aus Erde ist ein Wirklichkeitspartikel, das Foto jener Frau eingefügt; und die Augen dieses Erdgesichts sind Fotocollagen konkreter Baumquerschnitte, wie auch die Tränen Fotocollagen sind: von Augen. Diese Tränen also sind sehende Tränen, sie sehen das Schicksal jener Frau.

Neben den Fotokopien sind weitere Wirklichkeitspartikel in das Bild eingefügt, von Wurzelsträngen, die das Erdgesicht durchziehen, und von Tonperlen, über deren Herkunft und Bedeutung gleich noch mehr zu sagen sein wird.

Vor allem: das Erdgesicht ist kugelförmig, wie die Gestalt unseres Erdglobus gebildet: ein unübersehbarer Hinweis darauf, daß es die ganze Erde ist, die mit dieser Frau trauert und schreit – die ganze Erde als äußerer Lebensraum, aber auch als innerer Lebensraum der Gestalterin.

Bei den *Wurzeln und Steinen*, die dem Bild als Realitätspartikel eincollagiert sind, handelt es sich um Funde aus Sa-

mothrake, wo Elisabeth Weth ihren Pfingsturlaub verbringt: hier hat sie das Bild der Frau, die «am Ende» ist, mit der größeren Natur, die ihr während ihres Inselaufenthaltes nahekam, verbunden, in sie eingebettet: in die Wurzeln, die tief in der Erde und ihren Grundwassern ankern und die verbürgen, daß Leben erhalten bleibt; in die Steine, die das Unzerstörbare, die harte Substanz der Mutter Erde bilden. Steine in ihrer Unzerstörbarkeit setzt man zum Gedenken: in diesem Sinne sind sie auch in das Bild jener Frau gesetzt.

Die *Brüste der Erdmutter*, die ein weiterer Ausschnitt zeigt, bestehen aus Tonperlen, die auf Spindeln durch die Hände südamerikanischer Frauen gegangen sind. Sie haben die Kegelgestalt, die an einen weit ausschwingenden Rock erinnert, und sie tragen einen karminroten Punkt an der Spitze, der die Brustwarze assoziieren läßt. Hier verbindet sich mit dem Erdmaterial Ton die Geduld und die Kunstfertigkeit von Frauen: Auch sie, die Geduld und Kunstfertigkeit der

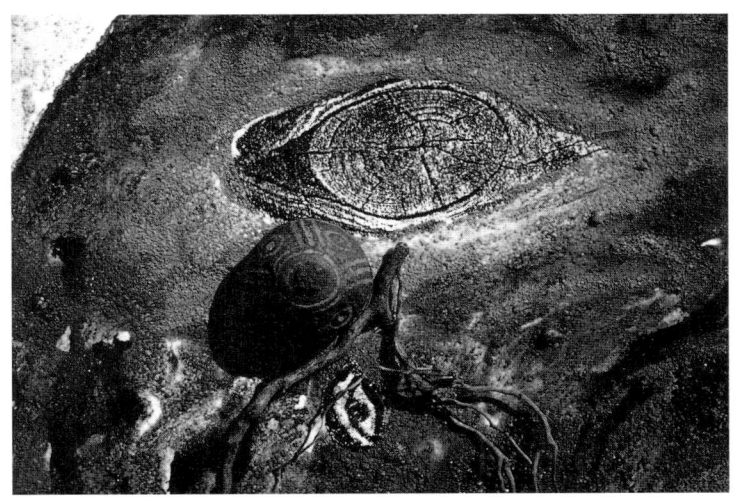

Frau, durch die die Frau selber zur Brust, zum nährenden Organ des Lebens wird, ist hier zur Würdigung jener Frau, die sich und andere nicht mehr nähren kann, ins Bild eingebracht. Wie auf archaischen Darstellungen von Erdgottheiten sind hier Brüste und Augen einander zugeordnet, vielmehr an einen analogen Ort gesetzt, so daß sie fast austauschbar werden.

Für die *Tränen* schließlich, welche die Mutter Erde um jene Frau weint, hat Elisabeth Weth Fotokopien von Augen verwendet, die sich auf den Flügeln eines Seraphim in einer katalanischen Malerei des 11. Jahrhunderts finden (dieser Engel ist auf S. 117 abgebildet). Es sind Augen-Tränen, mit denen diese Engel alle Vorgänge im Himmel und auf Erden wahrnehmen und vor Gott bringen konnten.

Mit diesen Tränen der Erde, die also zugleich Engelaugen darstellen, bringt Elisabeth Weth die Geschichte jener unbekannten Frau aus Bangladesch mit einer altchristlichen Glau-

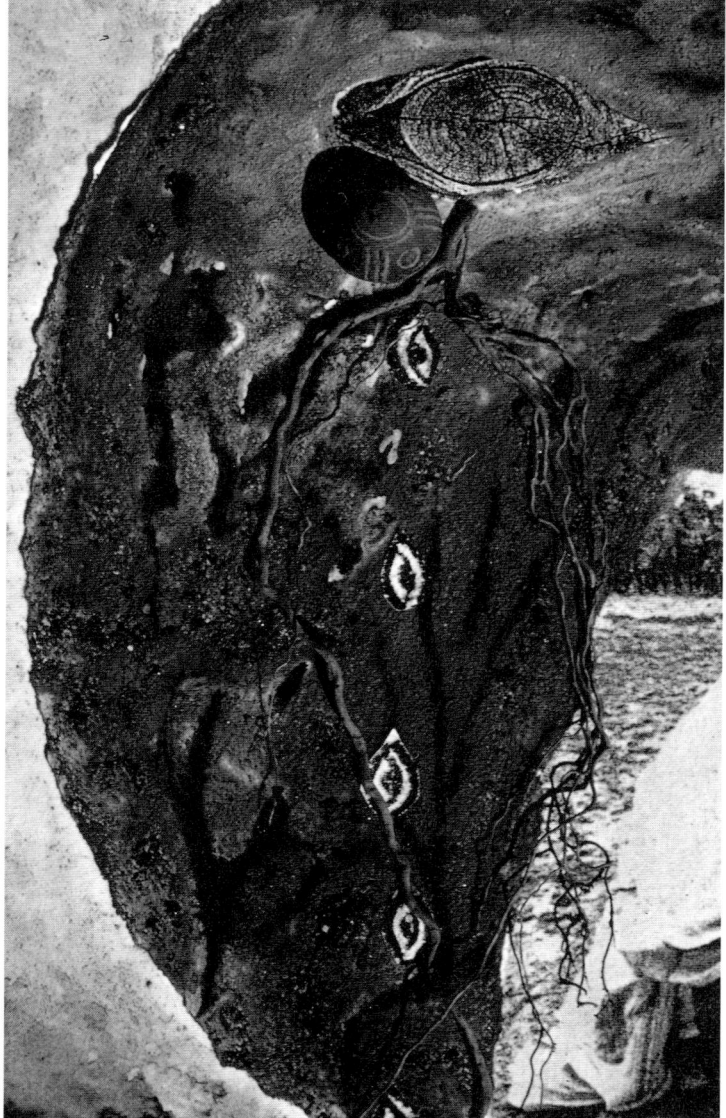

benstradition zusammen, die besagt, daß die Engel Gottes alles Leid der Erde sehen und vor Gott tragen, wo es «aufgehoben ist». Sie deutet dieses innerste Geheimnis der Schöpfung, das Mit-Sein und Mit-Leiden der Boten Gottes und Gottes selbst mit ihr, behutsam an, indem sie die Tränen der Erde aus Engelsaugen gestaltet.

In der romanischen Malerei des katalanischen Engels, der die Tränen entnommen sind, ist das Wesen des Engels tiefsinnig nachempfunden: «Diese erhabenen Gestalten sind geradezu versunken in eine anschauende Übersinnlichkeit.» Der abgebildete Seraph aus einem Fresko der Kirche San Pablo in Caseras/Spanien[1] hat zugleich christusähnliche Attribute, indem er in der Handmitte, wo der auferstandene Christus die Nagelmale trägt, ebenfalls Augen vorweist. Diese Engelsgestalten bezeugen und besitzen selbst die Kraft des Schauens und des Liebens, die sie vor das Angesicht Gottes tragen.

In der «Pietà 1991» zeigt sich besonders deutlich, wie die Engelstränen der Erde aus den Baumaugen und den Perlenbrüsten herabtropfen wie eine Verbindung zwischen oben und unten, zwischen Höhe und Tiefe: zur Linken und zur Rechten dieser unbekannten Frau, deren Schmerz mit erlitten, die betrauert und damit aus der Vergessenheit gehoben ist. «Gib mir die Gabe der Tränen, Gott», schreibt Dorothee Sölle in einem ihrer Gedichte im gleichen Sinn, wie das Bild es gestaltet.

Das eigentliche «Auge» der Erde in diesem Bild besteht aus der Fotokopie eines Astquerschnitts und einer realen Wurzel. Aus der Wurzelgabel entquillt diesem Baumauge ein erstes

---

[1] Aus: Walter Nigg und Kurt Gröning, «Bleibt ihr Engel, bleibt bei mir». Berlin: Propyläen 1978, S. 28.

Engelauge als Träne: Elisabeth Weth teilt uns hier auch mit, daß gerade die Bäume, die selber in einem hohen Leidenszustand stehen, durch die Verschmutzung von Luft und Wasser, die empfindlichsten Organe von Mutter Erde darstellen, wenn es darum geht, Leiden zu erkennen und zu teilen.

Stark herausgehoben ist in dem Bild das Rund, in dem das Antlitz der trauernden Mutter Erde dargestellt ist: Als rundes Ganzes hat es teil an der symbolischen Aussagekraft des Runden überhaupt, das immer die Gebärde des Umfangens und Bergens und zugleich des Enthalten- und Geborgenseins auszudrücken vermag. In diesem Sinne ist das Bild der Frau, die «nicht mehr Kraft hat, um Hilfe anzustehen», schon rein bildnerisch durch die es umschließende Form des großen Runden umfangen, aufgehoben im größeren Bild der Mutter Erde.

Es gibt auf diesem Bild jedoch noch eine Tiefenzone außerhalb des Runden, eine *Tiefe unter dem Rund*, die wie eine Dunkelschicht des Kosmos ist, in die das «Gesicht» der Erde Wurzeln hinabsendet und vor allem auch Tränen, in dem

13 Frau im Rund der Erde (Ausschnitt)

aber zugleich auch widerständige, ungeschliffene Steine ruhen, in nachtdunkler Erde. Es ist wie ein Bereich der größeren Wirklichkeit, von dem auch das Bild der Frau samt dem ganzen Rund der Erde deutlich getragen wird. Aber auch er wird getränkt von den Engelstränen.

Die voll plastisch ins Bild gesetzten rötlichen Steine von Samothrake sind deutlich erkennbar. Auch die helleren Würzelchen, die das Rund der Mutter Erde wie Sonden in den Raum hinunter senkt, heben sich hervor. Dieser dunkle Steingrund ist zugleich der Boden der Wirklichkeit, auf dem Elisabeth Weth selber lebt, jetzt in dem nach dem harten, widerständigen Schul- und Therapiealltag wohltuenden Urlaub in Samothrake, in den aber das Bild der Frau, die «nicht mehr die Kraft hat, um Hilfe anzustehen», einbricht. Aufgestört und doch dankbar dafür, überhaupt die Muße errungen zu haben, die Zeit und die Kraft, sich der inneren Erschütterung anzunehmen, die das Bild jener Frau in ihr auslöst, und den Trauervorgang, den ihre Seele verlangt, zuzulassen, beginnt sie mit der Gestaltung des Bildes, das sie im Juni 1991 fertigstellt.

Elisabeth Weth hat das Bild der unbekannten Frau, mit der sie sich in ein Gespräch einließ, durch ihre Gestaltung zu einem Symbol, ja, zu einer Ikone erhoben, einer «Pietà 1991», einer *Frau im Rund der Erde* (Farbbild 13), in der die Erde als Ganze um jene Frau, die sie nicht mehr ernähren kann, trauert: Mutter Erde um ihre sterbende Tochter (nicht nur wie in der klassischen christlichen Pietà-Gestaltung die Mutter Maria um ihren Sohn).

Als Symbol vermag dieses Bild Unvereinbares zu vereinen, namenlosen Schmerz in der Sinnfigur des runden Ganzen der Erde zu bergen; als Symbol gibt es der herzzerreißenden Emotion ein bergendes Gefäß, ja, ein Gesicht, in dem sie sich selbst erkennen und wiederfinden kann; als Symbol enthält es einen Anteil an Erinnerung (an namenloses Leid, an das eigene Gefühl, manchmal nicht mehr die Kraft zu haben, um Hilfe anzustehen) und doch auch an Erwartung (an ein mögliches Aufgehobensein in der Mittrauer und dem Mitgedenken aller). Zugleich enthält es als Symbol einen Anteil an Realität (an die Katastrophe von Bangladesch) und einen Anteil an schöpferischer Imagination, die die nackte Katastrophe in Gestalt einer betroffenen Frau zu sich hereinnimmt durch schöpferisches Mittrauern, das zur Formung des Bildes führt.

Der Schildkrötentraum

Es war Ende Juli des Jahres 1988, dem Jahr, in dem Elisabeth Weth ihre ersten Erdbilder gestaltete, dem Jahr auch, in dem die Nachricht von dem großen Robbensterben in Nord- und Ostsee umging, einem Ereignis, das im Blick auf die Wasserqualität unserer Meere zu großer Besorgnis Anlaß gab. Da träumte eine 45jährige Frau, die nichts von Elisabeth Weth und deren Erdbildern wußte, die sich aber von den Nachrichten über die Umwelt in ähnlicher Weise berühren ließ wie diese, den folgenden Traum. Als Elisabeth Weth ihn kennenlernte, berührte er sie so stark, daß sie anschließend eine ihrer eindrucksvollen Bilderserien[1] zu diesem Traum einer anderen Frau gestaltete. Doch möchte ich zunächst den Traum berichten, den ich in den Worten der Träumerin selber wiedergebe:

«Ich sehe eine Schildkröte, wie unsere Gartenschildkröten von früher, mit einem sehr verätzten Panzer.

Das beunruhigt mich, erschreckt mich auch. Ich überlege, was man denn tun könnte. Es fällt mir nichts ein.

Da sehe ich, wie sich die Schildkröte schüttelt und dann,

---

[1] Auch wenn ich die Serie in einem anderen Zusammenhang schon einmal veröffentlicht habe, finde ich sie hier unentbehrlich. Vgl. in: P. Dätwyler, E. Eppler, I. Riedel: Die Bombe, die Macht und die Schildkröte. Olten: Walter-Verlag 1991.

indem sie sich durch ein Gehölz zwängt, den Panzer ab-
streift. Er bleibt liegen.
Die Schildkröte hat darunter einen neuen Panzer, der aber
noch nicht dick ist. Er ist fast noch etwas durchsichtig, hat
aber schon wieder die Schildkröten-Muster.
Die Schildkröte verkriecht sich unter Gras und Sträucher.
Ich stelle mir vor, daß sie da bleibt, bis ihr Panzer wieder
belastungsfähig ist. Jetzt merke ich auch, daß wir in einem
Fluß-Sumpfgebiet sind.»

Die Bilder dieses Traumes erscheinen der Träumerin beim
Erzählen noch recht fern, doch beginnen sie, sie wachsend
emotional zu berühren. Da ist das Schicksal dieser Schildkröte, deren Panzer durch chemische Schadstoffe so verätzt ist,
daß die Träumerin zunächst fürchtet, dieses Lebewesen müs-
se an der Verätzung des Panzers sterben – und dann dieser
umstürzende Vorgang, den sie niemals erwartet hatte: daß
die Schildkröte sich schüttelt, den Panzer abstößt, ein lebens-
gefährliches Wagnis, bei dem sie sich durch die Enge eines
Gehölzes zwängt, wie durch einen Geburtskanal. Der un-
brauchbar gewordene Panzer läßt sich tatsächlich abstreifen
und bleibt liegen.

Die blutige Nacktheit der Schildkröte sich vorzustellen, ist
wohl das Quälendste im Umgang mit diesem Traum. Doch
da sieht das Traumich, die Träumerin, daß die Schildkröte
unter dem abgeworfenen Panzer bereits einen neuen hat –
wie beim Ablösen eines ramponierten Fingernagels sich darunter bereits ein neuer zeigen kann –, doch ist er noch zart,
fast noch durchsichtig. Zugleich hat er wieder die typischen
Schildkrötenmuster, an denen man die Identität der Schildkröte erkennt.

Die neue Identität, wie immer sie aussehen mag, hat also

mit der alten zu tun, ist mit ihr verbunden, es handelt sich um die gleiche Schildkröte. Nun ist im Traum noch zu sehen, wie sich die Schildkröte mit dem noch nicht belastungsfähigen Panzer wie schutzbedürftig, wie zur Rekonvaleszenz, unter Gras und Sträucher, in einen geschützten Raum zurückzieht, wo sie wohl vorerst unsichtbar ist, bis ihr Panzer wieder belastungsfähig wird.

Zuletzt nimmt die Träumerin auch wahr, wo sich das Ganze abspielt: in einem Fluß-Sumpfgebiet nämlich, also im Geburts- und Lebensraum vieler Schildkröten, überhaupt in einem ursprünglichen Raum, wo Leben entstehen kann. Der Traum von der Metamorphose einer Schildkröte – die es so in der Biologie nicht gibt –, dieser Traum von einer Wandlung zu neuem Leben durch Todesgefahr hindurch spielt im Fluß-Sumpfgebiet ursprünglichen Lebens, wo Leben entspringt und sich erneuern kann.

Wovon aber spricht der Traum? Er spielt zweifellos sowohl auf der persönlichen wie auch auf einer überpersönlich-kollektiven Ebene und läßt sich auf beiden durch behutsame Annäherung an seine Bilder aufschlüsseln.

Die persönliche Ebene erschließt sich im Gespräch mit der Träumerin. Der Traum führt sie in der Tat zurück in den Lebensraum ihrer Kindheit, in die Nähe des Fluß-Sumpfgebietes des alten Rheins, wo er, aus den Alpen kommend, in den Bodensee mündet. Dort hat für sie vieles seine Anfänge genommen, ihr schöpferisches Entdecken der Natur ringsum, hier hat sie schwimmen gelernt; hier hat sie aber auch den ersten Toten, einen Ertrunkenen, gesehen. Leben und Tod liegen in dieser Kindheitslandschaft nahe beieinander.

Dort, aber zugleich auch in ihrem Garten bei den Johannisbeersträuchern, wo sie später mit ihren Kindern lebte, fand sich die Schildkröte im Traum. Die Träumerin erinnert sich, wie sie, als ihre Kinder noch klein waren, mehrere Schildkröten im Garten hatten, die sie ausgesprochen gerne mochte. Die kleineren von ihnen liefen öfters weg, man mußte sie suchen, fand sie aber auch wieder. Sie liefen nicht weit weg. Die größere blieb. Die Schildkröten waren zutraulich, knabberten sogar gelegentlich an den nackten Zehen der Menschen.

Diese Lebewesen, die so uralt und unzerbrechlich aussehen, lassen uns etwas Unzerstörbares assoziieren; etwas, das, selbst wenn es fortläuft, wiederkehrt, etwas, das zuverlässig ist. Für die Träumerin ist es zunächst etwas Mütterliches, ein Schutz; dann etwas Übergeordnetes, das dem Leben als solches eigen ist, wiederzukehren und sich zu erneuern. Für sie ist zu dieser Zeit, in der sie den Traum träumt, die Beunruhigung um das Leben ihrer ernstlich erkrankten alten Mutter etwa gleich stark wie die Beunruhigung um das gefährdete Leben auf unserer Erde – die persönliche Mutter und die überpersönliche Mutter Erde werden hier symbolisch in engem Zusammenhang erlebt. Das schützende Schild, das für ihre alte Mutter bisher die körperliche Gesundheit war, aber auch das schützende Schild, das die persönliche Mutter für das Leben der Träumerin noch immer ist – und sei es auch vor allem als Schutzschild gegen den Tod, das die noch lebende ältere Generation immer darstellt –, es ist gefährdet, verätzt. Umweltgifte haben es angegriffen, was immer man darunter verstehen mag.

Die Träumerin, eine energisch-kreative Frau, erschrickt über den Zustand des Panzers, der mit der Lebensfähigkeit dieses Lebewesens, der Schildkröte, aber eben auch ihrer Mutter, so eng zusammenhängt, so verwachsen ist, daß diese zu sterben droht, wenn der Panzer zerstört wird – auch die innere Geschütztheit der Träumerin gerät dadurch in Gefahr.

Sie überlegt im Traum verzweifelt, was sie tun könnte – doch diesmal fällt ihr nichts ein, ein Gefühl der Ohnmacht überkommt sie. Dieses wichtige Lebewesen, die Schildkröte und, in ihr symbolisiert, auch ihre Mutter wird wohl umkommen müssen…

Beunruhigt diese Feststellung bereits in bezug auf ein Lebewesen, beunruhigt sie im Blick auf die eigene Mutter zutiefst – so wird das volle Maß der Beunruhigung erst erreicht, wenn wir durch Assoziationen und Amplifikationen zu dem Traumbild, wie wir sie nach C. G. Jung zu jedem Traum erbringen (Träumer und Trauminterpretin in gemeinsamem Gespräch), auf die überpersönlich-kollektive Vorstellung stoßen, daß die Schildkröte nach der Mythologie vieler alter Völker das Lebewesen ist, auf dem die Erde, die Schöpfung ruht, ja, das die Schöpfung darstellt.[1]

Nach Jungscher Sicht kann man die meisten Träume auch auf kollektiver Ebene interpretieren, indem man danach fragt, was die Traumsymbole über das individuelle Assoziationsfeld der Träumerin hinaus in der Menschheit schon immer bedeutet haben, und was sie damit auch als Botschaft an uns Heutige bedeuten können.

Da stoßen wir bei der Schildkröte zum Beispiel auf die alt-chinesische Vorstellung, die sich auch an der Körpergestalt dieses Wesens orientiert: rund wie der Himmel sei ihr Rückenpanzer, ihr Bauchpanzer dagegen quadratisch wie die Erde – so stelle sie die Erde dar, wie sie vom Firmament überwölbt ist. Wenn nun aber der Himmel als das «Schutzschild unserer Erde» seinerseits «verätzt» ist (man denke an

---

[1] Die im folgenden zitierten Hinweise auf die Mythologie der Schildkröte finden sich bei Pierre Grimal, Mythen der Völker, 3 Bände. Frankfurt/M.–Hamburg: Fischer 1967.

die Ozonschicht, die ebenfalls als Schutzschild vor der UV-Sonneneinstrahlung gilt, die ohne deren Filterung für den Menschen lebensgefährlich ist): welche Unheilsperspektive wirft das auf das Lebewesen Erde, das nach neuen Forschungsergebnissen ebenfalls wie ein einheitliches Lebewesen, das sich selbst organisiert und steuert, wie «Mutter Gaia» reagiert? (So die Vorstellung der griechischen Mythologie, so aber auch die Gaia-Hypothese neuerer biologischer und physikalischer Forscher z. B. James Lovelook.)

Im alten China fand die Schildkröte besonderes Interesse als stabilisierendes Wesen. Die vier Pole oder Himmelsrichtungen wurden durch die Füße der Schildkröte gesetzt bzw. ersetzt. Durch ihre Langlebigkeit scheint sie an der Dauerhaftigkeit des Weltalls teilzuhaben.

Die Schildkröte ist auch in einem indischen Schöpfungsmythos Symbol für eine innere Stabilisierung: Vischnu (der Schöpfergott), der die Form einer Schildkröte angenommen hat, ist jetzt inmitten und sogar auf dem Grund des Ozeans und bildet die feste Basis, auf der sich die Achse der Welt, der Berg Mandara erhebt.

In der balinesischen Fassung sind es zwei legendäre Tierwesen, die die Grundlagen der Welt schaffen: die kosmische Schlange Antaboga und die die Welt tragende Schildkröte Bedawang. Hier trägt die Weltschildkröte auch den schwarzen Stein, das Zentrum der Kräfte (Magnetkräfte). Aus dem schwarzen Stein auf der kosmischen Schildkröte wurde der heilige Berg Meru, der als Zentrum der Welt und Sitz der höchsten Gottheit gilt. Er dient auch als Thron des Gottes Vischnu auf der Schildkröte Bedawang. Diese ist auch der Mittelpunkt einer Szene, in der durch die ständigen Bewegungen der Schildkröte das «Buttern des Milchmeeres» zustandekommt, woraus langsam die feste Materie entsteht.

Diese Legende gehört zu den populärsten Schöpfungsgeschichten des Hinduismus (aus dem mythologischen Buch «Tjatur Yoga»).

In einem indianischen Schöpfungsmythos wird ein Mädchen, Tochter des Häuptlings, aus dem oberen Bereich, in dem die ersten Menschen lebten, durch einen stürzenden Baum mit hinuntergerissen und gelangt in die endlose Wasserfläche des unteren Bereichs. Schwäne retten das Mädchen zunächst vor dem Ertrinken. «Große Schildkröte» jedoch war es, die Rat wußte. Die Erde, die der Baum an seinen Wurzeln trug und die ins Wasser gefallen war, sollte von den Tieren wieder heraufgeholt werden und auf den Rücken von «Große Schildkröte» gelegt werden, damit eine Insel entstehe, auf der das Mädchen leben könne. Die Insel wuchs, und sie fuhr fort zu wachsen, bis sie zu der großen Weltinsel von heute wurde, die noch immer über den Wassern auf dem Rücken von «Große Schildkröte» schwimmt.

Unverkennbar ist es hier die Schildkröte, die den Absturz jenes Urmädchens ins Nichts bzw. ins Wasser verhindert und die Erde mit Hilfe von Tieren aus dem Urwasser schöpft.

Ähnlich zeigt es auch der Schöpfungsmythos der Irokesen, bei denen die weibliche Hälfte des uralten Paares der oberen Welt, die Frau, als ihr Leib in der Schwangerschaft schwer wurde, in die dunkle Erde versank und in die untere Welt hinabstürzte. Als alle Wesen der Dunkelheit dort versammelt waren, beschlossen sie, eines von ihnen in die große Tiefe zu senden, um eine Handvoll jenes Erdbodens von dort zu holen, aus dem die Welt gemacht ist. Als die Erde gebracht war, bot sich «Große Schildkröte» an, die Welt auf ihrem gewaltigen Rücken zu tragen, damit alles bereitet sei für die herabfallende Frau des Uralten. So kam es, daß die Frau auf die weiche Erde fiel, die auf dem Rücken der Großen Schildkröte ausgebreitet lag... Die Frau gebiert schließlich zwei Knaben. Später bereitet der Gute Geist die Schildkröten-Insel für die Menschen, erschafft Flüsse, Felsen, Berge und gibt einem jeden Tier und einer jeden Pflanze ihren Platz in der Schöpfung. Auch einen Mann und eine Frau schuf er und blies ihnen in die Nasenlöcher, damit sie atmen könnten, wie die übrigen. Vor allem für die Frau ist die Schildkröte, die ihr die Erde beschafft und die die Erde überhaupt zu tragen vermag, fundamental wichtig.

Die Schildkröte ist allen indianischen Stämmen heilig. So erscheint in einer indianischen Schmuckkette, die ich auf einem indianischen Kunstmarkt auf Irokesengebiet erstand, allein die Figur der Schildkröte voll plastisch und dreidimensional, während alle anderen Tiere in Flachrelief dargestellt sind. Die Schildkröte also hat nach dem Glauben der Indianer mehr Dimensionen als die anderen Tiere.

Auch bei den Festen der griechischen Antike, soweit sie sich auf das weibliche Geschlechtsleben beziehen, spielt die Schildkröte eine wesentliche Rolle als Fruchtbarkeitssymbol. Frauen trugen damals Schildkröten als Ohrgehänge; in Aphroditeheiligtümern fand man die Fußbänke durch das Zeichen der Schildkröte markiert.

Bei den afrikanischen Buschleuten findet sich die Schildkröte als weibliches Attribut; an einer Kette oder am Gürtel tragen die Frauen einen kleinen Schildkrötenpanzer als Behälter für ihre Schmuckutensilien.

Auch in Europa galt sie als gynäkologisches Heilmittel, ähnlich wie die Kröte selbst. Bis ins 17., 18. Jahrhundert hinein war es zum Beispiel in Bayern Sitte, bei Wochenbettmahlzeiten Napfkuchen in Schildkrötenform zu essen. In badischen und schweizerischen Bäckereien findet man noch heute Hefegebäck in Schildkrötenform.

In lebensgroßer Brotlaibform fand ich ein Gebäck in Schildkrötengestalt um die Osterzeit auf der heute spanischen Atlantikinsel Fuerteventura.

Auf der Zählebigkeit und Langlebigkeit der Schildkröte beruht der größte Teil der mit ihr verbundenen Symbolik. Es wurde beobachtet, daß eine Schildkröte nahezu ein Jahr lang fasten kann ohne zu sterben. Sie überdauert mehrere Menschenalter, sogar in Gefangenschaft, läßt man ihr nur den Winterschlaf. Sie überlebt schwerste Verwundungen und erträgt sie scheinbar mit Gleichmut.

In der Antike ging die Vorstellung um, man könne ihr sogar das Herz herausnehmen, ohne sie damit zu töten: daher verwandte man ihre Rückenschalen als Talisman, der gesundes und langes Leben sichern sollte. In Japan galt sie als Symbol der Unsterblichkeit.

Schildkrötenpanzer wurden auch als Resonanzböden für Musikinstrumente verwendet, besonders für die Leier. Tönerne Okarinaflöten in Schildkrötenform kann man auch heute noch im mittleren und südlichen Amerika finden. Die Schildkröte gibt den Dingen Boden, einen tiefen Resonanzboden sogar in der Musik.

In der Entwicklungsgeschichte des Lebens gehört die Schildkröte – auch davon klingt in dem Traum etwas an – in eine sehr frühe, bewußtseinsferne Zeit: so lebt sie im Wasser, im Sumpf, wie in dem genannten Traum. Sie lebt darüber hinaus auch in feuchten Wäldern, sogar in Steppen. Zum Winterschlaf gräbt sie sich in die Erde ein. Ihre Eier werden in Sand und Erde von der Sonne ausgebrütet, nachdem sie das Weibchen mit ungeheurer Anstrengung so tief wie möglich eingegraben hat. Die ausschlüpfenden Jungen kriechen nachts aus der Erde hervor – Merkmale eines dem Erdhaften nahen Lebens.

Aus den aufgeführten Zusammenhängen wird mehr als deutlich, welch ein gewaltiges mythologisches Wesen, Trägerin und Verkörperung der Erde, sich in der Schildkröte offenbart. Wenn nun dieses Wesen, die Trägerin, die Garantie für die Stabilität der Erde selbst, in Gefahr gerät, weil ihr Rückenpanzer, das Himmelsfirmament, «verätzt» ist, dann ist das, was der Traum in seinen Bildern sagt, alarmierend, dann teilt sich uns die Ratlosigkeit der Träumerin, ihr Ohnmachtsgefühl gegenüber dem, was hier noch getan werden könne, mit.

Die Ohnmacht muß sich wohl mitteilen, das menschliche Ich muß seine Handlungsunfähigkeit eingestehen, ehe das andere sichtbar werden kann, daß nämlich dieses Lebewesen Schildkröte, symbolisch dieses Lebewesen Erde, von sich aus etwas Umstürzendes zu tun vermag: nichts geringeres als sich von dem zerstörten Anteil zu befreien und – wie durch einen Tod hindurch – in eine Verwandlung zu gehen.

Es ist gewiß eine der Pointen des Traumes, daß einer Schildkröte eine solche Verwandlung – die in der Häutung einer Schlange, in der Metamorphose einer Raupe zum Schmetterling wohl möglich wäre – nicht möglich ist. Eine Schildkröte müßte an solch einem Verlust ihres Panzers sterben – und der Traum erläßt der Träumerin den entsprechenden Schrecken bei dieser Vorstellung nicht. Dennoch greift er die Tatsache auf, daß es für das Leben, auch für die Lebewesen, grundsätzlich solche Metamorphosen gibt, oder daß sie letztlich durch Mutationen möglich werden.

Die Schildkröte, die sterben müßte, stirbt nicht, sondern hat bereits einen neuen, zarten Panzer unter dem abgelegten alten.

Dies ist ein Wunder – etwas Geringeres ist es nicht! –, das in der Bilderfolge dieses Traumes geschieht, sich vollzieht.

Hoffnungsenergie wird durch diesen Traum entbunden, Hoffnung auf etwas, auf das ohne diesen Traum nicht mehr gehofft werden dürfte. Daß die Schildkröte, die, wie wir sahen, zugleich Gaia, unsere Erde symbolisiert, überleben kann, obwohl sie sterben müßte, so vergiftet, so verätzt wie sie ist, das ist das Wunder, von dem dieser Traum berichtet.

Zurück auf die persönliche Ebene: Daß die alte Mutter der Träumerin, auf die sich das Symbol der Schildkröte, wie wir sahen, auch bezieht, etwa wieder jung und gesund werden würde und den verätzten Panzer abwerfen könnte, davon kann natürlich keine Rede sein. Doch auch im Blick auf die alte Mutter setzt der Traum Hoffnungsenergie frei: auch wenn sie sterben wird – als persönliche Mutter –, so wird sich die überpersönliche Mutter Leben doch erneuern können, auch für die Träumerin, auch in ihr, sie wird sich selbst eine Mutter werden können.

Der bisher schützende Panzer der Träumerin wird durchlässiger werden, erschütterbar durch die Lebensgefahr, in der die Mutter schwebt, durch ihren Tod, aber es wird ihr ein neuer erstehen, ein mehr durchsichtiger, ein zarterer.

Inzwischen, im Jahr 1992, also vier Jahre nach dem Schildkrötentraum, ist die Mutter jener Träumerin wirklich gestorben. Neun Monate wiederum nach ihrem Tod – also in dem Zeitraum, in der man ein Kind austragen könnte –, hat dieselbe Träumerin erneut einen Traum: sie sieht in ihrem Garten eine ganze Menge junger Schildkröten – ein Traumbild, das für sich selber spricht. Nach dem Tod der alten Schildkröte, der Mutter, ist viel junges Leben entstanden, vielleicht hat ihr Tod sogar einige Kräfte freigesetzt.

Es ist deutlich: auch wenn dieser Traum einen persönlichen Hintergrund hat, wie alle Träume, die individuell und damit auch subjektstufig gedeutet werden können, so enthält er doch mehr, eine Nachricht, die kollektiv bedeutsam ist: daß unsere Erde Überlebenskräfte aus sich selber heraus freisetzen kann, eine Fähigkeit, die wir vielleicht unterschätzen.

Dies darf gewiß nicht billig mißverstanden werden, als wäre das alles nicht so ernst zu nehmen, was wohlinformierte Fachleute für die Erde befürchten – es verhält sich vielmehr so, daß gerade solche Menschen, die ihre Verantwortung für die Erde und alle diesbezüglichen Informationen sehr ernst nehmen, gelegentlich Träume geschenkt bekommen, wie den eben besprochenen, der eine neue und rettende Perspektive enthält.

Bilder von den Wandlungen
einer Schildkröte

Elisabeth Weth, die unter dem gleichen bedrängenden Eindruck von der Beschädigung der Erde und des Lebens auf der Erde steht, wie die Träumerin des eben besprochenen Traumes, beginnt, nachdem sie den Traum kennenlernte, wie unter einem inneren Druck, Bilder zu dem Schildkröten-Traum zu schaffen, Bilder, die dessen überpersönliche Botschaft aufgreifen und in Gestaltung umsetzen.

Auf dem ersten Bild *Die angegriffene Schildkröte* (Farbbild 14) ist die Schildkröte zunächst kaum sichtbar, sie ist wie in den Hintergrund gedrängt, von dem grellen Weiß des aggressiven Raubvogels, der – Symbol des verätzenden Giftes am Himmel – über die Schildkröte kommt und mit seinen achtfachen krallenbewehrten Fängen auf sie niederstößt. Es ist, als wollte er sich ihrer bemächtigen. Aus der Ecke links oben im Bild, in der sich erfahrungsgemäß oft die Symbole der patriarchalen Tradition finden, stößt dieser Raubvogel hernieder. Mit dem grellen Weiß sucht Elisabeth Weth das gnadenlose Licht einer wissenschaftlich-technischen Weltbemächtigung und Weltausbeutung darzustellen, die sich auch in der chemischen Formel, die das Auge des Raubvogels darstellt, spiegelt. Ihr «verdanken» wir die Zerstörung unserer Ozonschicht, des Schutzschildes unserer Erde. Nur durch die Brille von Formeln sieht dieser Raubvogel der Chemie die Wirklichkeit des Lebens. Seine Geierfüße stehen auf einer erstorbenen, gestürzten Tanne, die ebenfalls der Umweltzer-

14 Die angegriffene Schildkröte

störung durch chemische Schadstoffe zum Opfer gefallen ist.

In den Fängen dieses grellweißen Vogels nun – grelles Weiß kann als Deckweiß, das alle Farben löscht, eine Farbe des Todes sein – erkennen wir die Schildkröte, nach links gewendet, nach rückwärts gleichsam, doch mit erhobenem Kopf, geöffnetem Mund und traurig verschattetem Auge. Sie hat sich nicht in ihren Panzer verkrochen, es ist vielmehr, als wollte sie Laut von sich geben, etwas sagen, uns zurufen.

Elisabeth Weths erstaunlichster schöpferischer Einfall besteht hier in der Art und Weise, in der sie die Zeichnung der einzelnen Panzerschilde der Schildkröte gestaltet: sie hat dafür die *Steintafeln* aus dem uralten Inselheiligtum Gavr'inis

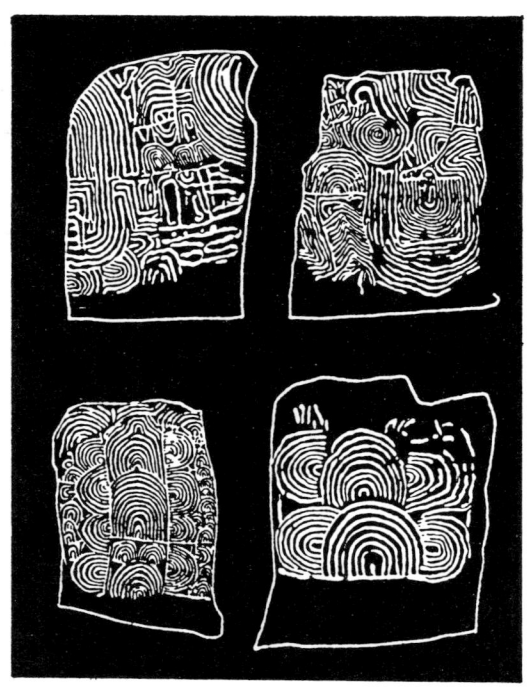

(ca. 4500–2000 v. Chr.) an der bretonischen Küste zum Vorbild genommen (vgl. dafür die Beispiele aus einem Prospekt), hat Fotokopien von ihnen hergestellt, die ihre geheimnisvollen Lineaturen wiedergeben, welche wahrscheinlich – die Deutung ist noch nicht gesichert – analog dem Wechsel der Gezeiten die steigende und fallende Flut, den zunehmenden und abnehmenden Mond und letztlich auch den Rhythmus von Leben und Tod umschrieben haben. War doch Gavr'inis wohl ein Heiligtum, um verehrungswürdige Tote herum errichtet. Auch Tore, Eingänge und Übergänge in die andere Wirklichkeit mögen sich in den geheimnisvollen Figurationen der hier aufgestellten Steintafeln widerspiegeln. Die Erinnerung an diese Wirklichkeit nun, an eine Kultur, in der die Menschen in Ehrfurcht vor den Rhythmen der Natur, vor den Meeren und der Erde lebten, hat Elisabeth Weth in Gestalt der Fotokopien dieser Steintafeln aus Gavr'inis in ihr Bild eingebracht und hat sie dem Schildkrötenpanzer zugeordnet, der heil ist, solange er mit diesen Signaturen einer menschlichen Ehrfurchtskultur verbunden bleibt. Sie zeichnet die «Anfänge eines Gesprächs mit der Schildkröte» auf, als sie dieses Bild fertiggestellt hat. Sie notiert:

> Sehr alt bist du, Schildkröte,
> älter als ein Menschenleben;
> stark bist du,
> stärker als Menschen.
> Du tragest die Welt,
> wird von dir gesagt.
> Wissend bist du,
> wissender als wir Menschen!
>
> Heraustreten kannst du,
> dich sehen lassen

– und dich verbergen.
Du kannst nach innen gehen,
in diese starke Schale,
die dich umgibt,
die geprägt ist
von uralten kosmischen Strukturen,
Zeichen,
die für die Rhythmen des Lebens stehen
– und auch für die des Sterbens.
Für Geborenwerden,
Bezogensein,
Wachsen,
Untergehen
– für wieder geboren werden?

Du verbirgst dich nicht
im Augenblick des umkrallenden Angriffs.
Du entziehst dich nicht
der Bedrohung.
Du duckst dich nicht
unter den Pfeilen der Zerstörung.
Aufrecht bleibt dein Kopf,
Mund und Auge geöffnet.
Schreist du?
Schreist du uns etwas zu?
– Weisendes, Rettendes?

Dunkel geworden ist dein Auge
unter dem Angriff,
fast getroffen
vom zerstörenden, fressenden Licht.
Wird es deinem Auge gelingen,
einzudringen ins Verdunkelte,
im Trüben zu sehen,
in der Vernebelung Klarheit zu wissen?

Wird dein Leben,
wird Leben
weiter möglich sein
nach dieser Vergiftung?

War auf dem ersten Schildkrötenbild farblich nur Schwarz,
ein bräunliches Grau und das grelle Weiß vorhanden, so bildet diese Farbskala auf dem zweiten Bild, *Die Wandlung der
Schildkröte* (Farbbild 15), nur noch den Hintergrund. Elisabeth Weth bettet vielmehr den Wandlungsvorgang, in dem
die Schildkröte den Panzer abwirft, in einen Doppelbogen
aus Gold ein, aus Gold, das die Qualität des kostbarsten
Metalls schlechthin hat, aber auch des unveränderbaren Metalls, das nicht rostet wie Eisen, nicht schwarz wird wie Silber, das nicht verätzt werden kann. Der Doppelbogen hat
zugleich die Form eines Beckens, ist der weibliche Raum, in
dem etwas ausgetragen werden kann zu neuer Geburt. Das
Bildformat hat sich zum liegenden, zum Querformat verwandelt: hier kann in Ruhe etwas ausreifen.

Von rechts nach links, nach innen, in Introversion und
zeitweilige Regression führend, hat sich der Vorgang vollzogen: rechts im Bild liegt der abgelegte Panzer, der noch die
grellweißen Spuren der Verätzung trägt. Er ist abgelegt wie
eine alte Kappe.

In der Mitte des Bildes ist das Gestrüpp, durch das die
Schildkröte sich gezwängt hat, dargestellt: es umgibt zugleich
eine Form, die einem Muttermund, einer Vagina gleicht, in
deren dunklem Inneren etwas rotgolden glüht, wie ein Feuer,
eine ewige Lampe – ein befruchtetes Ei, eine Frucht?

Elisabeth Weth hat aus weiblichem Empfinden heraus den
Wandlungsvorgang der Schildkröte, durch einen Nahezu-

Tod hindurch, mit der Gebärsymbolik zusammengebracht, als hätte die Schildkröte, indem sie sich durch das Gestrüpp zwängte, zugleich einen Geburtskanal passiert.

Auch diese Durchgangspassage durch Gestrüpp, den Geburtskanal, umgibt Elisabeth Weth mit einem goldenen Bogen, schalengleich – und krönt diesen Ort der Wandlung mit zwei Schirmen oder Flügeln in der Struktur eines Ginkgoblattes. Es handelt sich wieder um die Fotokopie eines realen Ginkgoblattes, das als Partikel der Wirklichkeit hier eincollagiert ist.

In der Tiefe ist dieser Ort mit einem hodenartigen Gebilde, Früchten des Ginkgo, verbunden. Elisabeth Weth will zeigen, wie männliche Kräfte, Samen, bei diesem Geburtsvorgang einer neuen Schildkröte mitwirken – sie wünscht sich eine neue Verbindung zwischen weiblichen und männlichen Kräften bei dem Erneuerungsvorgang der Erde –, wobei die Wurzeln dieses Vorganges, goldene Wurzeln, noch tiefer als das Hodengebilde ins dunkle Erdreich des Lebens selber eingegraben sind.

Links im Bild erscheint nun die Schildkröte, nachdem sie den verätzten Panzer abgeworfen hat. Sie erscheint in Rot, gleichsam nackt und blutig, und hängt wie mit einer Nabelschnur noch an dem Engpaß, dem Gestrüpp, dem Ort ihrer Wandlung fest. Sehr verwundet, wie mit abgezogener Haut, hat Elisabeth Weth die Schildkröte nach deren großem Durchgang dargestellt. Doch hebt sie ihren Kopf mit dem goldenen Auge und späht ins Dunkle. Vorerst wird sie sich zurückziehen in die linke Seite des Bildes: erfahrungsgemäß an den Ort der Retrait, der Rekonvaleszenz durch ein Nachinnen-Gehen und Nach-innen-Schauen. Indem sie den ganzen Vorgang wieder mit goldenen Ranken umgibt, kennzeichnet die Gestalterin ihn als kostbar, als heilsam: ja, als

15

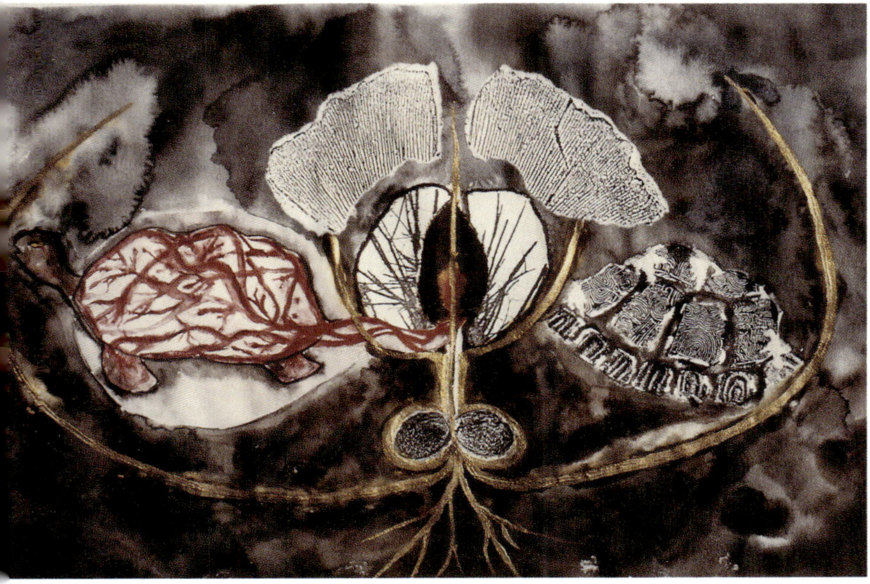

16

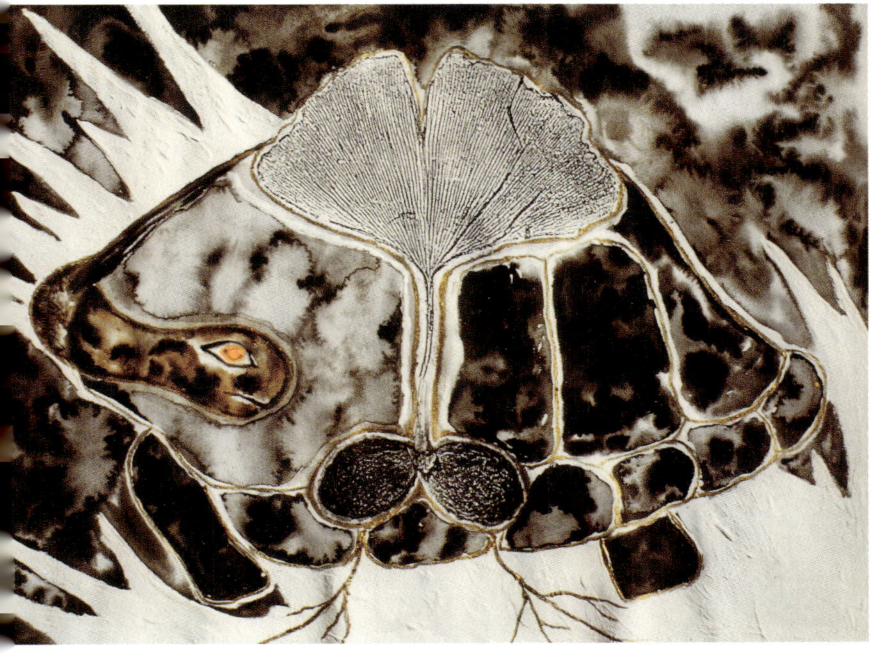

15 Die Wandlung der Schildkröte 16 Die erneuerte Schildkröte

heilig, denn Gold war zur Zeit der Ikonenmalerei, auf die sie sich bezieht, die Farbe des Heiligen.

Auch über diesem Bild führt Elisabeth Weth ihr Gespräch mit der Schildkröte weiter, der Schildkröte als einem inneren Seelenanteil in ihr selber, aber auch als einem Symbol für das überpersönliche Lebewesen Erde, dem wir zugehören:

Du begibst dich
in die Dunkelheit und Enge,
die tot sein kann,
aber auch Durchgang zu neuem,
im Feuer gewandelten Sein.

Du ent-gibst dich deines Panzers,
deiner Möglichkeit des Rückzugs.
Du läßt und verläßt
den Schutzmantel
über deiner Verletzbarkeit,
be-gibst dich ins Ausgesetztsein,
in äußerste Dünnhäutigkeit,
in große Gefährdung.
Es schmerzt, dich so zu sehen.
Noch unter
die Verletzlichkeit des Nacktseins
bist du gegangen.

Die dich bisher schützende Hülle
ist durchlöchert,
zerfressen, verätzt.
Sie bietet dir nicht mehr Schutz;
die Möglichkeit des Tragens, Aushaltens,
ist dir genommen.

Große Schmerzen hat es dir gemacht,
diese mit dir verwachsene Hülle zu lassen.

Los-reißen verletzt tief.
Mut hast du dazu gebraucht
und Hoffnung
auf Neuwerden-können.

Du bist hindurchgegangen
durch Enge
und Dunkelheit,
durch eine Vagina aus stechendem Geäst
des toten Baumes.
Du hast gehofft,
daß das zerstörte Lebendige
die sterbenden Bäume
aufrütteln,
Neues ermöglichen könne.

So hast du dich
in die zerbrechliche Hülle
des Eies begeben,
das von der Erde bebrütet wird,
die du
– wenn die Zeit da ist –
in der Nacht verlassen wirst
– wie es die Ordnung deines Werdens ist.

Jetzt
zeigt rotes Geäder
fließendes Leben.

Früchte,
Samen
eines neuen Baumes
hast du berührt
auf deinem Weg durch die Enge.
Wie Boden

liegen sie tief in der Erde,
verwurzeln sich,
verbinden sich mit Weiblichem.

Wird es neue Bäume
einer neuen Kraft geben?
Wird ein Ginkgo wachsen können,
ältester aller Bäume
– darin dir ähnlich –,
unempfindlicher als andere
gegen Luftverschmutzung
und Abgase
– auch in seiner Widerstandsfähigkeit
dir ähnlich –?

Noch sind seine Blätter
nur bruchstückhaft zu sehen,
schön gezeichnet...

Gold
– in einer beginnenden Vernetzung
umgibt die verlassene Schale,
die verletzliche Gestalt,
die neu werden will,
die Andeutung einer Verbindung
zwischen Weiblichem und Männlichem.
Nur Kräfte
eines umfassenden
höheren Wertes
können verändern,
durchdringen.

Geschrieben wurde dieser Text zwei Monate nach Fertigstellung dieses Bildes. Es ist also mehr als ein Jahr her, seitdem der Traum von jener anderen Frau geträumt wurde, als er in Elisabeth Weth ein derart tiefes, umfassendes Echo hervorruft.

Ein drittes Schildkrötenbild, das der *erneuerten Schildkröte* (Farbbild 16), folgt und schließt die Serie zu jenem Traum ab: Auf dem Panzer dieser Schildkröte nun entfaltet sich das Ginkgoblatt, ist zu einem Ginkgoblatt-Bäumchen geworden, das, mit den Hoden verbunden, Wurzeln geschlagen hat, goldene Wurzeln, die wiederum vernetzt sind mit dem Gold, welches das ganze Ginkgoblatt und die wieder erstehenden Panzerplatten umrankt, vor allem jene am Rücken der Schildkröte. Das Gold umfaßt aber auch Füße und Kopf, den die Schildkröte nun nach rechts wendet, in die Richtung der künftigen Entwicklung – aus ihrer nach links gewendeten Rückzugshaltung heraus. Besonders sorgfältig und in leuchtendem Goldorange hat Elisabeth Weth das Auge der Schildkröte gestaltet, noch unter dem Eindruck einer Aussage aus der mexikanischen Mythologie, die vom Auge der Grünfederschlange zu sagen weiß, daß es auch im Dunkeln zu sehen vermöge. Auch sondert das Auge der Wasserschildkröte selbst eine besondere Flüssigkeit ab, die es ihr ermöglicht, im Dunkeln, selbst des Wassers, auf beachtliche Weite hin zu sehen.

Es ist Elisabeth Weth wichtig, der Schildkröte, die das Tragende der Erde verkörpert, ein *Auge* zu verleihen, *das im Dunkeln sieht*, ein Weisheitsauge, das sich selbst im destruktiven Feld der Umweltzerstörung – hierfür steht noch einmal das aggressive Weiß – zu orientieren vermag und von sich aus Möglichkeiten der Wandlung und des Überlebens durch

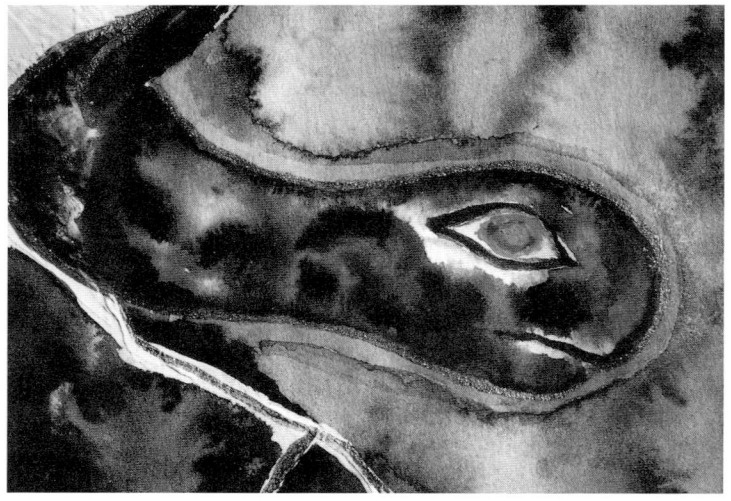

Wandlung bereithält, die unsere kühnsten Phantasien über-
steigen.

Ist doch, wie schon erwähnt, die Erde mit all ihren Kräften
und Lebewesen als ein Gesamtorganismus aufzufassen, der
sich selbst regulierend und organisierend wie der Organis-
mus eines ganzheitlichen Lebewesens verhält, notfalls bei
großer Bedrohung seines Überlebens auch zu schöpferischen
Sprüngen und Mutationen fähig.

Der Ginkgoblatt-Baum, der jetzt in den Vordergrund des
Bildes zu stehen kommt – gefolgt von der Schildkröte, dahin-
ter das zerstörerische Deckweiß und der dunkel-flockige
Bildgrund – drückt die Hoffnung der Malerin aus, daß die
Schildkröte, die die Erde trägt, so unverwüstlich sein möge
wie der Ginkgo, der so vieles mit ihr gemeinsam hat: dieses
nämlich, daß er unter den Pflanzen zu den frühesten Arten
gehört, wie die Schildkröte unter den Tieren; daß sie als
Pflanze so unglaubliche Aggressionen auf das Leben, wie es

der Atombombenabwurf auf Hiroshima und Nagasaki war, überstanden hat, und daß sie bis heute zu den widerstandsfähigsten Arten überhaupt gehört. Der Traum jener Träumerin setzte auch in Elisabeth Weth eine neue widerstandsfähige Hoffnung auf die Überlebenskraft des Lebens auf der Erde frei.

Zugleich machte er ihr Mut, sich nach dem Vorbild der Schildkröte selber nicht mehr zu verkriechen und abzuschirmen vor aller Gefahr für das Leben, sondern die ohnedies brüchig gewordene Verpanzerung gänzlich aufzugeben und dünnhäutig zu werden, mit-leidensfähig, und damit bereit zu einer großen Transformation.

Die Schildkröte mit den Wurzeln

Im November 1992 träumt Elisabeth Weth von einer nur fingernagelgroßen Schildkröte, die sich im Wasser, im Sumpf entwickelt:

Mit I. und E. zusammen beobachte ich eine winzige Schildkröte (so groß wie ein Fingernagel), die sich im Wasser, im Sumpf entwickelt – wohl in einem Gefäß – vor unseren Augen. Am Schwanz oder am hinteren, unteren Panzerende hat sie Wurzeln, ein Bündel Wurzeln. Das fasziniert mich, rührt mich sehr an; ich kann mich gar nicht von der Schildkröte lösen.

Später – sie ist jetzt aus dem Wasser, läuft herum – wird sie erdrückt, weil in ihrer Winzigkeit nicht wahrgenommen – unbemerkt, unbeabsichtigt –, so empfindlich, verletzlich ist sie in ihrer Kleinheit!

Es gibt dann mehrere kleine Schildkröten, die wir beobachten, aber sie berühren mich nicht mehr so wie diese eine mit den Wurzeln.

Elisabeth Weth notiert zu ihrem Traum: «Das Traumbild ist nicht sehr klar – bis auf die kleine Schildkröte mit den Wurzeln; die läßt mich nicht mehr los, will zu einem Bild – gestaltet – werden.»

Diese Schildkröte hat Wurzeln am Schwanz bzw. am unteren Panzerende. Es ist also eine ganz junge, quasi eine neugeborene Schildkröte, die Elisabeth Weth da beobachtet, mit I. und E., zwei Freundinnen, zusammen, wobei E. in Wirklichkeit vor allem dadurch charakterisiert ist, daß sie mit großer Kenntnis konkrete Tiere beobachtet und in Kontakt mit ihnen tritt, während I. deren Symbolik in der menschlichen Psyche zu verstehen sucht und sie den größeren Zusammenhängen des Lebens zuordnet. Neugeboren, in schneller Entwicklung begriffen in seinem uralten Lebenselement Wasser und Sumpf, ist das, was die Schildkröte ausmacht, hier für die Träumerin: das Symbol für das uralte, sich erneuernde Leben, das die Schöpfung trägt, das Symbol für die Hoffnung auf dieses Leben. Winzig ist es, kaum fingernagelgroß – an den Fingernagel und seinen gelegentlichen Ablösungsprozeß erinnerte bei dem ersten Schildkrötentraum der sich lösende Panzer, unter dem schon eine zarte neue Haut zu erkennen war –, doch was die Träumerin, Elisabeth Weth, viel mehr berührt, sind die Würzelchen der Schildkröte am Schwanz und am unteren Panzerende. Sie erlebt das bereits im Traum so: «Das fasziniert mich, rührt mich sehr an; ich kann mich gar nicht von der Schildkröte lösen.»

Schon daß ihr dieses symbolische Motiv so sehr ins Gefühl geht, erweist seine Wichtigkeit für die Träumerin.

Mit dem Wurzelmotiv ist die Eigenart der Meeresschildkröte angesprochen, die ihre Eier – ihre Wurzeln gleichsam – in den Sand legt, wo sie von der Sonne ausgebrütet werden; ein Leben lang kehren die Meeresschildkröten an den Ort zurück, wo sie geboren sind, um dort ihre eigenen Eier abzulegen – so haben sie Wurzeln, auch wenn sie durch alle Weltmeere unterwegs sind.

Zugleich ist die Schildkröte mit den Wurzeln eine Kontamination aus der Schildkröte und dem Baum- bzw. Pflanzenmotiv, eine Schildkrötenpflanze, ein Schildkrötenbäumchen entsteht im Traum, Symbol für die Hoffnungspflanze der Träumerin auf Leben, das sich immer wieder erneuern und verwurzeln kann, auf Leben, das immer an seinen Ursprung zurückkehrt und von dort her wiederkehrt.

Kurz nachdem sie diesen Traum geträumt hat, fand Elisabeth Weth einen Text über die Schildkröte in einer Zeitschrift, der hier wiedergegeben werden soll:

«Meeresschildkröten bewohnen die Erde seit 150 Millionen Jahren und sie haben ihre Gestalt in dieser Zeit nicht wesentlich verändert. Seit Millionen von Jahren legen die Weibchen die Eier am Land ab und überlassen es der Tropensonne, sie auszubrüten. Instinktiv wählt das Muttertier die optimale Stelle auf dem Sandstrand: oberhalb der Wasserlinie, die von der Flut überschwemmt wird, aber nicht zu nahe an der Buschgrenze, wo das Graben des Loches durch Wurzeln zusätzlich erschwert würde. Tief genug, um die Eier vor hungrigen Raubtieren zu schützen, trotzdem so, daß die Sonne ihre wärmenden, die Eier ausbrütenden Strahlen hinschicken kann... Die Schildkröten-Weibchen kehren immer an die Stelle zurück, wo sie geboren wurden und wo sie seitdem jedesmal ihre Eier in den Sand gelegt haben. Dazwischen unternehmen die Tiere ausgedehnte Wanderungen, die ohne weiteres in ein anderes Meer führen können. Wissenschaftler haben zum Beispiel in Florida markierte Tiere im Mittelmeer wiederentdeckt. Ohne sich um Meeresströmungen, Stürme und andere Hindernisse zu kümmern, finden sie zurück – aus allen Himmelsrichtungen» (Brückenbauer Nr. 1, 6. Januar 1993, S. 43).

«Später», sagt der Traum, «sie ist jetzt aus dem Wasser, läuft herum – wird sie erdrückt, weil in ihrer Winzigkeit nicht wahrgenommen – unbemerkt, unbeabsichtigt –, so empfindlich, verletzlich ist sie in ihrer Kleinheit!» Die winzige Schildkröte mit den Wurzeln wird erdrückt, ein Ereignis, eigentlich tragisch – vor allem, wenn wir bedenken, was die kleine Wurzelschildkröte für die Träumerin bedeutet –, und doch auch wieder ein in der Natur millionenfach vorkommender Vorgang:

«Junge Schildkröten haben nur eine Überlebenschance von 0,02 Prozent. Nur jedes fünftausendste Ei wird eine erwachsene Schildkröte. Ein verschwenderischer Aufwand der Natur, um das Aussterben der ältesten Repräsentanten der im Meer lebenden Wirbeltiere zu verhindern. Während die Eltern sich längst auf ihre weite Reise gemacht haben, schlüpfen die Jungen nach 40 bis 50 Tagen aus der Schale. Eine zappelnde Horde junger Schildkrötchen beginnt, um ihr Leben zu rennen. Auf dem kürzesten Weg sollten sie ins Wasser gelangen, doch die meisten überleben den Weg dorthin nicht. Die Fregattenvögel und die Strandkrabben fressen viele der Kleinen gierig weg» (ebd., S. 43).

Für die Träumerin freilich bedeutet dieser Vorgang, daß wieder eine ihrer Hoffnungspflanzen auf die Erneuerungsfähigkeit des Lebens – auch ihres persönlichen Lebens natürlich! – erdrückt worden ist, weil sie noch so winzig und unscheinbar war, wenn auch mit der besonderen Fähigkeit zur Einwurzelung begabt! Neue Nachrichten über die entmutigenden Vorgänge in unserer Welt oder auch Enttäuschungen im persönlichen Leben haben die winzige Schildkröte im Traum erdrückt.

Gewiß: der letzte Teil des Traumes zeigt, daß das Leben dennoch weitergeht, daß auch die Träumerin diese Hoffnung bewahren kann, es tauchen sogar mehrere kleine Schildkröten auf, die Elisabeth Weth mit ihren Freundinnen zusammen beobachten kann, doch erreichen sie die Träumerin emotional nicht mehr so stark, wie die zuerst aufgetauchte

Schildkröte, das «Schildkrötenbäumchen», wie ich es nannte. Es ist hier wie so manches Mal: Wenn wir einen Verlust zuerst noch betrauern müssen, können wir weitere Hoffnungs- und Lebensmöglichkeiten zwar allenfalls wahrnehmen, doch an uns heranlassen, gefühlsmäßig aufnehmen, können wir sie noch nicht. Einen zusätzlichen starken Impuls, die kleine Schildkröte, die sie nicht mehr losläßt, zu einem Bild zu gestalten, erhält Elisabeth Weth noch durch das Ereignis, daß ihr auch draußen in der Realität eine winzige Schildkröte zuläuft, die sie entzückt.

Im Januar/Februar 1993 beginnt sie, das Bild zu dem im November 1992 geträumten Traum zu entwerfen. Zuvor aber gelingt es ihr, fünf Tage nach diesem Schildkrötentraum, am 26. November 1992, einen weiteren Traum mit einem Schildkrötensymbol festzuhalten: «Wieder ein Traumstück um die kleine Schildkröte.» Der Traumtext lautet in seinem ersten Teil so:

Es scheint jetzt um zwei Schildkröten zu gehen, die wir – eine Gruppe von Frauen, die ich dazu eingeladen habe (auch I. ist wieder dabei) – wiederfinden wollen, an einem schwer zu beschreibenden und zu findenden Ort auf der Alb. Wir Frauen wollen offenbar ein Ritual um die Schildkröte machen (ich kann mich nicht erinnern, was mit der Schildkröte geschehen sollte).

Um zwei Schildkröten also geht es hier, es kann sich um ein Paar, eine weibliche und eine männliche Schildkröte handeln, fortpflanzungsfähige also – oder um das Doppelmotiv, die Zweiheit, in der ein Symbol erfahrungsgemäß dann auftritt, wenn es betont aus dem bisher Unbewußten ins Bewußtsein treten will. Hier wird vielleicht das Schildkrötenpaar aus dem Traum zuvor wieder aufgenommen, das wohl auch schon besagen wollte, daß das Leben auf alle Fälle weitergehen kann, auch wenn ein Einzelwesen einer Gattung «zerdrückt» würde.

Eine Gruppe von Frauen, eine Vielfalt von Weiblichem, eine Verstärkung im Weiblichen, von der Träumerin speziell hierfür eingeladen, will und soll diese beiden Schildkröten zunächst einmal wiederfinden, an einem nur schwer zu beschreibenden Ort. Leicht sind sie also nicht aufzufinden, auch wenn erst fünf Tage zuvor bereits von ihnen geträumt wurde (aber da kam ja auch die Hoffnungsträgerin der Träumerin, die mit den Wurzeln, um). Gewiß ist nur: der Ort ist auf der Alb. Die Schwäbische Alb ist immerhin das noch unberührteste Stück Natur in der näheren Entfernung des Wohnortes der Träumerin: die Gegend, in die sie gelegentlich weite Wanderungen unternimmt und von der sie allerlei Fundstücke mit nach Hause bringt. Dort will sie mit ihren Freundinnen gemeinsam (auch I. ist wieder dabei, die Symbolkundige, die sich auf symbolisch-religionsgeschichtliche Zusammenhänge versteht) die Schildkröte wiederfinden, und sie wollen offenbar – die Träumerin weiß es selbst nicht genau, spürt nur den Impuls dazu – ein Ritual um die Schildkröte vollziehen. Ein Ritual ist ja ein geordneter, unter symbolischen Gesten und Handlungen mit Leib und Seele vollzogener Vorgang, der bewirken kann und soll, daß bestimmte Kräfte – die hier zum Beispiel mit der Schildkröte real und symbolisch verbundenen Lebenskräfte – freigesetzt und von denen, die das Ritual vollziehen, angeeignet werden können. Bei einem Ritual «um die Schildkröte» stünden die Schildkröten und die mit ihnen verbundenen und geglaubten Lebenskräfte im Mittelpunkt. Was genau mit den Schildkröten geschehen soll, weiß die Träumerin ja noch nicht.

Wie bei dem ersten Schildkrötentraum tritt auch hier im zweiten Teil wieder ein Verhinderungsmotiv auf. Der zweite Teil des Traumtextes lautet nach Elisabeth Weths Aufzeichnungen so:

Während ich wohl noch auf weitere Frauen warte, geht I. mit einer Gruppe, in der auch E.M. ist, schon mal auf die Suche, nach meiner Beschreibung, die nicht sehr genau sein kann.

Die Gruppe um I., die eigentlich nach einer Weile zurückkommen wollte, um mit den später gekommenen Frauen und mit mir gemeinsam auf die Suche zu gehen, kommt nicht zurück – oder zumindest sehr lange nicht.

Sie notiert: «Meine enttäuschten und verärgerten Gefühle sind, daß E.M. die Gruppe mit etwas anderem gebunden hat.» Andererseits schreibt sie: «Gefühlsmäßig bin ich wieder stark berührt von der kleinen Schildkröte.»

So sehr sie wieder von der Schildkröte berührt ist, es sind auch Anteile in ihr, die die Gruppe, wie E.M., mit etwas anderem, womit auch immer, zu binden versuchen als mit der Schildkrötensuche und dem entsprechenden Ritual. Es sind wohl auch Ängste und Zweifel in ihr, ob sie, ob die Frauen überhaupt, den Glauben an die Überlebenskraft des Lebens, der in der Schildkröte verkörpert ist, durchhalten können oder nicht. Es ist auffällig, wie das Ich die Gruppe nicht zusammenzuhalten vermag. Die einen brechen auf, ehe alle da sind; daraufhin muß das Ich warten, bis die letzten kommen. Als diese eben da sind, ist die Gruppe der ersten, samt I., noch nicht zurück, so daß das Ich erneut warten muß, nun auf die ersten, die schon aufgebrochen sind. Es ist, als eilten Anteile von ihr der Hoffnung auf die Schildkröte voraus und andere hinkten ihr nach: das Ich kann die Schildkröte erst wiederfinden, wenn die vorauseilenden und die nachhinkenden Anteile wieder miteinander verbunden sind.

Welche starken Widerstände die Realität der Außenwelt ihrer Hoffnung auf das Überdauern des Lebens auf der Erde entgegenstellt, gestaltet Elisabeth Weth in einer eindrucksvollen Collage, in der sie einen Hintergrund aus ausgeschnittenen Zeitungsmeldungen zusammensetzt, vor dem dann – wie vor düsterem Bildgrund – die Schildkröte[1] erscheint. Es ist *die Schildkröte mit den Wurzeln* (Farbbild 17), die, mit dem Kopf nach dem oberen Bildrand zu, auf das Ginkgoblatt hin ausgerichtet, die Texturen des Unheils, das Menschen auf der Erde anrichten, buchstäblich bedeckt und überlagert. Es ist dies ein Bildausdruck von starker Symbolik. Das Leben, in der Schildkröte symbolisiert, ist stärker als die Zerstörung. Mit diesem gestalteten Bild vermag Elisabeth Weth die Ambivalenz zwischen Hoffnung und Zweifel zu überwinden, die in den beiden Träumen in ihr noch besteht. Es ist nicht so, daß sie das Bild gestaltet hätte, um die beiden Träume zu einer Lösung zu bringen. Es verhielt sich vielmehr so, wie sie notiert, während sie noch an dem Bild arbeitet: «Erst im Februar 1993 – das Bild ist fast fertig – lese ich die beiden Träume wieder; sie bewegen mich sehr. Den zweiten Traum hatte ich fast vergessen. Wichtig und immer wieder präsent war dieses Bild der kleinen Schildkröte mit den Wurzeln.»

Was waren das nun für Texte, die sie mit Hilfe der Schildkröte, mit deren breitem Leib auf der Collage zu überlagern und zu bedecken vermag? Ich gebe hier nur die Überschriften

---

[1] Das für die Fotocollage verwendete Bild der Schildkröte entstammt dem Buch Rudolf Süss und Margarete Walter (Hrsg.), Vom Mythos der Schildkröte. Das Urtier als Glücksbringer. Dortmund 1991, Harenberg-Edition 620.

dieser aus Zeitungen entnommenen Textstellen wieder, sie sprechen für sich:

«Den Aralsee gibt's bald nur noch auf alten Karten. Die ökologische Katastrophe in Usbekistan verschont die Menschen so wenig wie die Landschaft.»

«Neun Millionen Kinder auf der Flucht. Viele erhoffen sich Schutz in Deutschland, immer mehr kommen über die grüne Grenze.»

«Klimaexperten schlagen Alarm – rasche Zerstörung der Ozonschicht. 100 000 zusätzliche Erblindungen bereits bei Minderung um 1 Prozent.»

«Flucht in den Tod – viele Selbstmorde im Alter.»

«Zwei Millionen Angolanern droht der Hungertod.»

«In Afrika sorgt Aids schon heute für die Apokalypse.»

«Leben am Rande des Todes – Sarajevo.»

«Jede Woche sterben 250 000 Kinder.»

In diese Meldungen von der Zerstörungswut der Menschen hinein sprengt Elisabeth Weth Nachrichten über das schier unzerstörbare Leben der Schildkröte: «Langer Weg zum Leben»; und von der Überlebenskraft des Ginkgobaumes: «Wie der Phönix aus der Asche».

Die Schildkröte auf dem Bild birgt ihren Kopf wie unter dem Blatt des Ginkgobaumes, wie unter einem Schirm. Der Zeitungsausschnitt rechts von dem Ginkgoblatt, teilweise von diesem überdeckt, lautet:

«Die Atombomben-Explosion von Hiroshima markiert ein schreckliches Datum in der Geschichte der Menschheit. 300 000 Menschen fanden in Hiroshima und Nagasaki sofort und infolge von Verbrennungen und Verstrahlungen den Tod. Die gesamte Flora und Fauna wurde vernichtet. Nichts wuchs mehr auf dem verbrannten Boden. Einzige Ausnahme war ein ehemals impo-

Die Schildkröte mit den Wurzeln

santer Ginkgobaum, der wie ein Strohhalm gebrannt hatte. Mit ungläubigem Staunen beobachtete man, wie im nächsten Frühling der Ginkgo einen neuen Sproß inmitten der total zerstörten Region hervorbrachte. Dieser Sproß wurde sorgfältig beobachtet und ist heute ein schöner Baum, der die Hoffnung auf eine Zukunft symbolisiert... Der Ginkgo überlebte nicht nur die Atombombe von Hiroshima. Als botanische Gattung scheint er der Zeit zu trotzen. Seine Ursprünge reichen etwa 300 Millionen Jahre zurück.»

In diese Texte hinein, Texte der Zerstörung des Lebens und Texte von der Überwindungskraft des Lebens, setzt Elisabeth Weth in ihrer Collage die Schildkröte mit den Wurzeln und schreibt ihre Gedanken dazu nieder:

«Ich habe sie in diese Texte gesetzt, weil sie (mir) für die Möglichkeit eines Fortbestehens von Leben (das nicht menschliches Leben sein muß) steht.

Alle in 150 Millionen von Jahren durchgemachten Veränderungen der Erde hat sie überlebt.

Ihre Unerschütterlichkeit vermittelt Hoffnung: Aus 5000 Eiern wird nur eines zur erwachsenen Schildkröte.

Welche Wege muß ein Schildkrötenweibchen zurücklegen, um jährlich 500 Eier abzulegen – von denen eigentlich kaum eines die Chance hat, die Bedrohungen des Wachsens zu überleben.

Das Graben des Loches, die Anstrengungen der Eierablage (100 in einer Nacht) bringt das Weibchen bis ans Ende seiner Kraft, bringt es in Lebensgefahr. Und doch nimmt es den langen Weg zum Weitergeben des Lebens jedes Jahr wieder auf sich.

Auf dem langen Weg zu diesem Ziel ist sie unerschütterlich und sicher in ihrer Orientierung.

Die Lichtbezogenheit dieses Tieres, dessen Eier in der

Nacht vor Sonnenaufgang in die Erde gelegt sein müssen, um dann von der Sonne ausgebrütet zu werden, habe ich versucht, ins Bild aufzunehmen, in der Darstellung der nach oben, zum goldenen Ginkgoblatt gewandten Schildkröte.

Auf ihrem Panzer trägt sie noch Spuren der Erde, in der sie zu ihrer Gestalt geworden ist – es ist wieder Erde von Mnaidra (einem Tempel der Großen Mutter auf Malta), einem Ort ohne Spuren von Kriegen.»

Im Zusammenhang mit ihrer Beschäftigung mit der Schildkröte und der Gestaltung ihres Schildkrötenbildes hört Elisabeth Weth in der ARD-Sendung «Kultur-Weltspiegel» von einem afrikanischen Bauern und Künstler, der 50 km von Harare (Simbabwe) entfernt mit seinen Frauen und Kindern mitten in dem ausgedörrten Land lebt. Eine Stunde täglich müssen die Frauen und Mädchen mit den schweren Gefäßen gehen, um Wasser zu holen. Doch der Bauer will sich nicht in die Nähe der Hauptstadt umsiedeln lassen, weil er aus seinem Leben und Erfahren des Landes, mit dessen Tieren und Pflanzen, die Inhalte seiner sehr kraftvoll farbigen Schnitzereien nimmt. Unter den im symbolhaften Kontakt zum Menschen dargestellten Tieren spielt die Schildkröte bei ihm eine positive Rolle. Als Zpanie Tshuma am Ende der Begegnung gefragt wird, wie seine Beziehung zu Gott sei, antwortet er: «Gott ist wie eine Schildkröte . . . sie kann nicht vor den Menschen weglaufen: so ist Gott.»

Eine bemerkenswerte Äußerung auch für Elisabeth Weth und ihre Gedanken zur Schildkröte. Dieser Mann also erlebt Gott wie eine Schildkröte: als jemanden, der nicht wegläuft, der zuverlässig bleibt. Hier treffen wir in der Gegenwart noch einmal auf die seit alters überlieferte Symbolik der Schildkröte als etwas Heiligem, ja, als einem Gottessymbol.

Kreuzweg der Kinder 1992

«Kreuzweg der Kinder 1992 und Fragen an die Engel aus Psalm 91», so nennt Elisabeth Weth eine Komposition, zu der sie durch das Pressefoto eines verzweifelt schreienden afghanischen Kindes im Sommer 1991 gedrängt wurde. Sie bezieht sich darin auf die Engel, von denen es heißt: «Denn er hat seinen Engeln befohlen über dir, daß sie dich behüten auf allen deinen Wegen, daß sie dich auf Händen tragen...» (Ps. 91), und richtet Fragen an sie. Wo sind die Engel angesichts dieses verzweifelten Kindes?

Lapidar lautet die Unterschrift unter diesem Pressefoto (AP): *Vom Krieg gezeichnet: Mädchen in Afghanistan.*

Mit einer erschütternden Geste streckt dieses Mädchen seine Hände vor sich aus, uns, den Betrachtern entgegen: zeigt, daß sie leer sind, daß für sie alles verloren ist. Das Bild ist so aufgenommen, daß wir die verzweifelt leeren Hände dieses Mädchens unmittelbar vor Augen haben. Die Hand in der linken Ecke ragt eigentlich über den Bildrahmen hinaus, zu uns hin. Dazu kommt das zum Schreien und Weinen verzerrte Gesicht, der aufgerissene Mund, die nach innen blickenden Augen, das strähnige Haar, das ins Gesicht hängt. Mit solch einer Geste steht und schreit ein Kind nur dann, wenn es seine Eltern, seine nächsten Angehörigen nicht mehr findet. Dies alles steht vor dem Hintergrund eines Mauerwerks, das jetzt Risse aufweist – Granaten, Raketen mögen eingeschlagen sein und das Haus zerstört haben. Das Bild

dieses unbekannten Kindes aus einem der zahlreichen Kri-
sengebiete der Welt: es geht um die Welt, doch Elisabeth
Weth hat es aufgenommen. Sie ist nicht mehr davon losge-
kommen.

Ein ganzes Jahr später, im Juli 1992, nimmt sie dieses Bild,
das sie nicht vergessen kann, wieder zur Hand und beginnt
mit dem unbekannten Mädchen ein inneres Gespräch, das sie
notiert:

> Seit mich dein Bild traf
> – vor Monaten –,
> höre ich dein Schreien,
> sehe ich deinen entsetzlichen Schmerz,
> – spüre ich deine verzweifelt
> ausgestreckten, leeren Hände –

– ins Leere ausgestreckt?
– Ins Leere, Antwortlose schreiend?

Es tut sehr weh,
dich so zu sehen,
dein Schreien auszuhalten.

Je länger ich dich ansehe,
desto lauter und schmerzender
schreist du in mir.

Ich möchte deine Augen schützen,
vor dem, was du sehen und ansehen mußt.
Ich möchte deine Hände nehmen
und dich in eine Geborgenheit führen –
– aber wohin?

Wie kann ich dir nahe werden?
Ich muß mit dir schreien,
will deinen Schrei hörbar machen.

Was du schreist
mit deinen Augen,
mit deinem Mund – vielleicht ohne Stimme –,
mit deinen Händen,
darf nicht ungehört bleiben,
muß ausgehalten und angenommen werden.

Was aber heißt aushalten und annehmen im Fall eines unbekannten Mädchens aus Afghanistan? Für Elisabeth Weth
heißt es, ein Bild um dieses Kind herum zu gestalten, wie
wenn sie ein Ritual für dieses Kind vollzöge. Am Abend des
30. Juli 1992 notiert sie: «Heute mit dem Bild angefangen –
ein Kreuz aus Bildern des Kindes.»

Damit beginnt sie: das Foto des Kindes zu fotokopieren, zu vervielfältigen – es steht ja in seinem Einzelschicksal für unzählige andere Kinder mit ähnlichem Schicksal in dieser Zeit – und diese Bilder in die Gestalt eines Kreuzes zu legen, alle vier Himmelsrichtungen mit diesen Bildern auszulegen, anzupeilen und dieses Kind in seiner Passion ins Zeichen des Kreuzes hineinzulegen: so entsteht die Bildidee eines «Kreuzwegs der Kinder 1992».

Zu Beginn ihrer gestalterischen Arbeit kommt sie auf den Gedanken, die Tränen bzw. die Augen des Engels aus der katalanischen Malerei, die auch bei der «Pietà 1991» Verwendung fanden, mit diesen Kindern in Verbindung zu bringen, versucht sie auszuschneiden, zu fotokopieren und zu vergrößern, und dabei «rühren mich die starken Flügel an», so schreibt sie, «die möchte ich um die Kinder legen». Als Elisabeth Weth das Bild von dem *Mädchen und* dem *Engel* nebeneinander liegen sieht, berührt es sie plötzlich ganz

stark, wie sehr die beiden Bilder miteinander korrespondieren, auch wenn sie auf ganz verschiedenen seelisch-geistigen Ebenen spielen: die Gestik der beiden so unterschiedlichen Gestalten weist unübersehbare Parallelen auf, die sich ihr plötzlich aufdrängen – ebensosehr wie der Ausdrucksunterschied, der den Engel dazu befähigt, das Kind in seiner Verlassenheitsgeste aufzufangen. Sind es beim Kind einfach nur leere Hände, die es zeigt, so sind es beim Engel leere Hände, die zugleich gefüllt sind mit den Wundmalen – wie Christus sie trägt –; Wundmale, die zugleich Augen sind, durch die der Engel das Leiden der Menschen sehen, wahrnehmen und aufnehmen kann, auch, bildhaft gesprochen, um es vor die Augen Gottes zu tragen.

Es kommt hinzu – und das erscheint mir hochbedeutsam –, daß die Arme und Hände des Engels nicht einfach gleichzeitig und gleichsinnig nach vorne ausgestreckt sind wie diejenigen des Kindes in seiner eindeutig verzweiflungsvollen Geste, sondern die Geste des Engels ist differenzierter: während seine rechte Hand (links im Bild) ebenfalls leer ist, mehr nach unten zeigt und das Wundmal aufweist, ist die linke (rechts im Bild) deutlich angehoben, so als habe sie zu geben, das sehende Auge darzubieten, als das sich das Wundmal inmitten des Handtellers ebensogut wahrnehmen läßt.

In der katalanischen Engeldarstellung aus dem Ende des 11. Jahrhunderts, die Elisabeth Weth vorliegt, verhält es sich nun so, daß sich dieser linken Engelshand, der gebenden, zugleich von unten (aus der rechten, unteren Zone des Bildes) wieder eine leere, suchende Hand entgegenstreckt, die der Hand des Kindes gleicht. Daß im Leerwerden, darin, daß uns etwas genommen wird, auch die Voraussetzung dafür liegt, daß wir wieder etwas bekommen, daß uns die Hände wieder gefüllt werden können, davon zeugt die Doppelgeste des Engels, eine Doppelgeste, die Hoffnung für die vorerst nur leeren Hände des Kindes enthält, eine Hoffnung, die dieses Kind zu bergen vermag.

Die mit der des Kindes so verwandte und doch auch wieder mehr als parallele Geste des Engels ist es, was Elisabeth Weth berührt und zu der Bildidee anregt, die Geste des Engels mit der des Kindes zu verbinden. So notiert sie zu der Entstehung dieses Bildes: «Es berührt mich, den Engel gefunden zu haben, um die Kinder in ihn hinein zu legen; bisher hatte ich nur an das Rund der – weinenden, leidenden – Erde gedacht.» Die erste Bildidee war also diejenige gewesen, die schon erwähnte Kreuzform, die von den multiplizierten Fotos des afghanischen Mädchens gebildet werden sollte, dann von einem Erdkreis, der wieder aus realer Erde gestaltet werden würde, umrunden und bergen zu lassen, ähnlich wie in der «Pietà 1991», wo das Bild der Frau aus Bangladesch von dem Erdenrund geborgen wird. Jetzt aber ist das Engelbild aufgetaucht, um die entscheidende bergende Geste zu übernehmen.

Elisabeth Weth notiert: «Auf die Möglichkeit des Seraphims bin ich gekommen durch dessen ‹sehende Hand›, die Hand und das Auge.» Sie fährt fort: «Die Hände des Seraphims antworten den Händen des Kindes. Ich hatte an Hände gedacht als Antwort, kein Bild gefunden dafür. Nun kommt es über die Augen/Tränen auf mich zu in einer Weise (der Hände wegen), die ich ganz annehmen kann.»

Es ist wirklich eine besondere seelisch-geistige Konstellation, daß Elisabeth Weth dieses Engelbild zu dem Bild des verzweifelten Mädchens fand! Wenn wir uns vorstellen, wie schwer, fast unmöglich es gewesen wäre, zu dem Bild des Mädchens bewußt ein überzeugendes Engelbild zu finden, in dem die Verlassenheit des Mädchens aufgehoben werden könnte. Die Bilder ähneln sich bis in den Hintergrund hinein: wo bei dem Mädchenfoto die Reihung der Steine ist, findet sich im Engelbild die Reihung der waagerechten Flügelfedern.

Nun entsteht die Grundidee für das Bild *Kreuzweg der Kinder – umfangen von dem Engel* (Farbbild 18): Das Foto des verzweifelten Mädchens aus Afghanistan wird die Mitte, das Herz des quadratischen Bildes darstellen. Es bildet zugleich den Schnittpunkt der Achsen bei dem Kreuz, dessen Längsachse nun durch die viermalige *Wiederholung des Mädchenfotos* entsteht, bis es an der Basis von dem Engelbild abgelöst wird, in dem es zugleich wurzelt. Gekrönt wird die Vertikale von dem Engelhaupt mit seiner Gloriole und der Mandorlagestalt, zu der sich die blitzenden Enden der über dem Engelhaupt aufgestellten Flügel zusammenfügen.

Die Querachse der Kreuzstruktur, die dem Bild zugrunde liegt, wird nun vom Kopf des schreienden Kindes und den beiden Engelarmen gebildet.

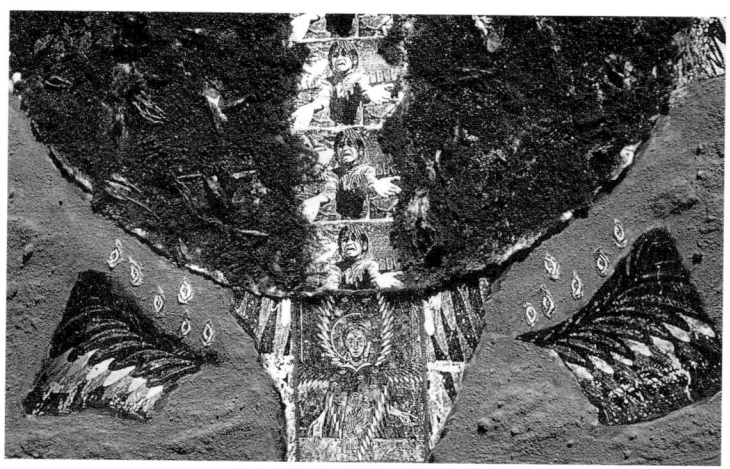

18   Kreuzweg der Kinder – umfangen von dem Engel

So entsteht ein Bildsymbol, in dem das Kind zuerst vom Rund der Erde, die selber Tränen um dieses Kind vergießt – wie unten im Bild sichtbar – umgeben ist.

Das Kind mitsamt der Erde aber wird umfangen von dem Engel, einem kosmischen Engel, der das gesamte irdische Geschick umschließt. Das Bild weist übrigens eine strukturelle Ähnlichkeit mit einer Vision Hildegards von Bingen auf, in der die göttliche Gestalt der Liebe in flammendem Rot das gesamte kosmische Rad umfängt, in dessen Mitte die Menschengestalt steht.

Elisabeth Weth notiert vor dem halbfertigen Bild am 2. August 1992: «Gestern habe ich wahrgenommen, gespürt, daß vom Bild eine Kraft ausgeht und mich trifft; das erstaunt und macht dankbar. Ganz tief berührt und bewegt mich diese Übereinstimmung der Hände – ihre Haltung – bei Kind und Engel; ich erlebe dies geradezu aufregend.»

Doch es bedarf noch mehrerer Veränderungen der Collage, ehe die *Kinderhände und* die *Engelhände* so miteinander korrespondieren, daß sie für Elisabeth Weth stimmig sind, wie dann in der endgültigen Fassung. Sie beschreibt diese Schwierigkeit: «Nachdem ich neu geklebt habe, weil eine Engelhand zu weit weg ging vom Kind, habe ich heute den unteren Teil geklebt: links noch einmal das Foto mit Text, rechts den Text und die Wiederholung der Zahl 12 500 (die sich auf somalische Kinder auf der Flucht bezieht); dann habe ich den unteren Teil schwarz gemacht. Die beiden Teile, Bild und Text, mußten wieder raus, waren überladen; sie stören den Zusammenhang zwischen Kind und Engel – ich habe sie abgelöst, alles geschwärzt.»

Elisabeth Weth betrachtet die jetzt entstandene Fassung ihres Bildes erneut, noch stimmt es nicht. Das Schwarz ist zu wuchtig geworden: «Aber das geht nicht», notiert sie, «es

stört, zerstört die Wirkung des Engels. Nun habe ich das Schwarz abgewaschen und will es hell übermalen – vielleicht verderbe ich alles, aber das Wegnehmen des Schwarz habe ich befreiend erlebt. Dieses Bild braucht die Helligkeit. Ich frage mich, woher ich diese Hoffnung nehme – es mag die Kraft, das sehende Wissen, wissende Sehen des Engels sein.»

Sie überwindet das unten im Bild entstandene Dunkel nun auch gestalterisch: «Das immer dicker werdende Sandauftragen unten (über das bisherige Schwarz) erlebe ich energievoll, verdunkeltes, aber auch geerdetes Licht des Seraphim.»

Hell ist jetzt die plastisch-dicke Sandschicht, die den dunklen Erdkreis in der unteren Hälfte des Bildes trägt; noch lichter der maisgelbe Hintergrund, der die obere Hälfte umstrahlt.

Die Tränen, die dem Erdenrund entquellen, werden noch einmal aufgefangen von den Flügelfederpaaren rechts und links der Längsachse unten im Bild.

Die suchende *leere Hand*, die in der katalanischen Engelsmalerei von unten her ins Bild greift: sie ist in die Komposi-

tion eincollagiert, rechts unten im Bild, in der Bildzone, in der sich Probleme mit der mütterlichen Seite des Lebens darzustellen pflegen. Nun wirkt sie so, als griffe sie nach der bergenden Kraft der einen Engelshand. Über der Hand ist eine Zeitungsnotiz einmontiert, die Schlagzeile: «Neue Fluchtwelle aus dem Sudan.»

Doch Elisabeth Weth schreibt selber dazu: «Rätselhaft bleibt mir die Hand rechts unten im Engelbild: ratlos, hilflos, wie mein Umgehen mit der Ungeheuerlichkeit des Ausmaßes? Wohin sonst hätte ich sie legen sollen? Auch diese Nachricht braucht eine Hand.»

Das Bild verbindet die Struktur der Todesrune mit derjenigen der Lebensrune zu einem gültigen Symbol, von dem, wie sie selber schreibt, Energie ausgeht: «Gestern habe ich wahrgenommen, gespürt, daß von dem Bild eine Kraft ausgeht und mich trifft: das erstaunt und macht dankbar.»

Auch am 4. August, zwei Tage später, ist Elisabeth Weth noch über der Gestaltung dieses Bildes, es ist für sie noch nicht abgeschlossen. Vor diesem entstehenden Bild schreibt sie ihre Empfindungen und ihr Erschüttertsein von neuen Tagesnachrichten nieder: «Während ich an diesem Bild bin, werden aus Sarajevo flüchtende Waisenkinder im Bus beschossen. Bei der Beerdigung der getöteten Kinder heute morgen wird die Großmutter eines der Kinder schwer verletzt. – Das zu sehen, macht die Fragen an den Engel drängender.» Die «Fragen an den Engel» aus Psalm 91, auf die Elisabeth Weth hier zurückkommt und die sie auch dem Titel des Bildes beigegeben hat, beziehen sich auf das Versprechen Gottes, das in Psalm 91 beschrieben ist: «Denn er hat seinen Engeln befohlen über dir, daß sie dich behüten auf allen deinen Wegen, daß sie dich auf den Händen tragen ...» Angesichts der Wirklichkeit von Sarajevo, Somalia, Afghanistan,

Bangladesch und anderswo werden die Fragen an den Engel, dem der Schutz der ihm Anvertrauten anbefohlen ist, dringlicher und drängender.

Am 10. August steht Elisabeth Weth betroffen und nachdenklich vor ihrer fertigen Komposition, die sie um das Foto des verlassenen Mädchens herum gestaltet hat, ein Bild, das dieses Mädchen aufnimmt und aus der Verlassenheit hebt, ein Bild auch, das sie selbst aus ihrer tiefen Bedrücktheit und Niedergeschlagenheit angesichts des neuerlichen Weltgeschehens herausholt: «Das Bild bewegt mich», schreibt sie vor ihm nieder, «sieht mich an, rührt mich an (zu Tränen), zu neuem Bedenken, was ich aussagen wollte – und vielleicht nicht deutlich machen konnte.

Hätte ich viele Kreuze statt nur Zahlen über die Erde ziehen lassen sollen?

Die Zahl der Kinder – 12 500! – ist so entsetzlich unvorstellbar, daß sie gar nicht darzustellen ist; da ist die Zeitungsnotiz die wohl aufrichtigste Form des Festhaltens – und des Heraushebens des einzelnen Schicksals, das für die ungezählten anderen steht – und mit ihnen.»

Ein Letztes noch: Wenn wir die jetzige Komposition im ganzen betrachten, so fällt plötzlich ins Auge, daß sie zugleich den Gestaltumriß einer Schildkröte hat, also in die Schildkrötensymbolik, die wir gründlich bedacht haben, hineingehört: die Schildkröte als Symbol für die Überlebensfähigkeit des Lebens, allem Zerstörerischen zum Trotz. Ein solches Symbol ist auch diese Komposition, der Kreuzweg der Kinder, in der das verlassene Kind von dem Rund der Erde geborgen wird – auch dies ist eine Ikone der Erde –, wobei aber die ganze Erde hier selber geborgen und getragen ist von der sie übergreifenden Schutzmacht des Engels.

Nachwort

Wenn wir in diesen Tagen Nachrichten hören, die Tagesschau sehen, vor allem die Bilder über die kriegerischen Auseinandersetzungen ehemaliger Nachbarvölker in Bosnien und anderswo, die gequälte Zivilbevölkerung, die Kinder, die Alten, die Frauen, dazu die Bilder der zerrissenen, verbrannten und vergifteten Erde selbst – es möchte einen oft ein lähmendes Ohnmachtsgefühl überkommen, ein Bedürfnis abzuschalten, sich abzugrenzen, weil einen das alles schier erdrückt.

Wir können es emotional fast nicht mehr aufnehmen – wohin mit dem allen, wohin mit dem allen in uns – und darüber hinaus die bedrängende Frage: Was können wir denn tun?

«Gib mir die Gabe der Tränen, Gott», so bittet Dorothee Sölle in einem ihrer Gedichte, «gib mir die Gabe der Sprache.» Sie bittet um die Gabe, sich tief berühren lassen zu können, die Gabe, die uns zugleich die Sprache wiedergäbe, die Gabe, uns auszudrücken, in Worten, in Bildern.

Nur das Mitleiden ermöglicht uns, menschlich zu bleiben angesichts all des Unmenschlichen, das um uns herum geschieht.

Mitzuleiden: das ist zum ersten ein Gefühl, das uns selbst wieder lebendig macht, wieder aus der Erstarrung und der Abwehr löst, die uns lähmen, wenn uns die Schreckensnachrichten überschwemmen, über die Leiden der Menschen und die Leiden der Erde selbst mit ihren Pflanzen und Tieren, ihren Meeren, ihrer Ozonschicht.

Mitzuleiden erschließt uns zum zweiten ein waches Mit-Gefühl, die Empathie, die uns bereit macht, alle nur denkbare Solidarität zu zeigen, auch praktisch.

Zum dritten aber setzt es Energien frei, ein seelisch-geistiges Kraftfeld, das unter die Oberfläche der Wirklichkeit reicht und wie ein lebendiges Adernetz unter der Außenhaut der Vorgänge liegt und wirkt.

Manche werden ihr Mitleiden in ein intensives meditatives Hindenken zu allem gefährdeten Leben fassen, vielleicht in ein Gebet; andere werden sich davon berühren und aufwühlen lassen bis in ihre Träume hinein. Manchmal werden diese Träume dann unerwartete Perspektiven eröffnen, unverhoffte Wendungen und Lösungen auch.

Mitzuleiden ist das erste. Es kann so unentrinnbar werden, daß es unmittelbar zur Tat drängt.

Kreativität ist das zweite, was uns auch angesichts der erschreckenden und bedrückenden Vorgänge auf der Erde, dessen, was Menschen der Erde und was sie einander antun, noch gegeben ist. Elisabeth Weth hat Wege gefunden, etwas zu gestalten, «Ikonen der Erde», wobei sowohl der Schaffensprozeß wie die Ausstrahlung der gefundenen Bildzeichen heilende Kräfte freisetzte. Es wurde möglich unter dem Druck einer wachsenden Gefahr:

«Wo aber Gefahr ist,
wächst das Rettende auch.»
(Hölderlin)